ᐃᒃᓚᕐᓇᖅᑐᑦ!

Iglarnaqtut!

ᓴᖅᑭᑕᐅᔪᖅ ᓄᓇᑦᑎᓐᓂ ᑐᓴᖃᑦᑕᐅᑎᓕᕆᔩᑦ (Inhabit media)
Saqqitaujuq nunattinni tusaqattautilirijiit (Inhabit media)
www.inhabitmedia.com

ᐋᖅᑭᒋᐊᖅᑕᖓ: ᑑᒃᑳᓯ ᐴᒃ
Aaqqigiaqtanga: Tuukkaasi Puuk

ᑎᑎᕋᖅᓯᒪᓂᖏᓐᓂᒃ ᐋᖅᑭᒋᐊᕆᔫᒃ: ᔩᓚ ᐸᓪᓗᖅ-ᑯᓘᑦᓯᐊᐃ
Titiraqsimaninginnik aaqqigiarijuuk: Jiila Palluq-Kuluutsiai

ᑎᑎᕋᖅᑕᖏᑦ:

ᑎᑎᕋᖅᑕᖏᑦ	
ᐅᓛᓯ ᒫᒃᒧ	Ulaasi Maakmu
ᑖᒥᓂᒃ ᐊᖑᑎᒻᒪᕆᒃ	Taaminik Angutimmarik
ᐊᑭᑦᑎᖅ ᐊᖑᑎᕐᔪᐊᖅ	Akittiq Angutirjuaq
ᔫᓕᐊ ᐊᒪᕈᐊᓕᒃ	Julia Amarualik
ᐳᑐᒍᖅ ᓯᒥᐅᓂ-ᑯᓪᓗᐊᕐᔪᒃ	Putuguq Simiuni-Kulluarjuk
ᒧᓯᓯ ᐊᐃᓂᐊᓕᒃ	Mususi Ainialik
Hᐃᓚᕆ ᒪᒃᐸ	Hilari Makpa
ᐃᒥᐅᓪᑕ ᐊᖑᑎᐊᓗᒃ	Imiulta Angutialuk
ᐋᓂ ᐊᐅᓪᓚᓗᒃ	Aani Aullaluk
ᐄᕙ ᓄᑲᑉᐱᐊᖅ	Iiva Nukappiaq

Canadian Heritage Patrimoine canadien

ᑕᑯᒥᓇᕐᓂᖏᓐᓂᒃ ᑐᑭᒧᐊᒃᑎᑦᑎᔨ: ᐹᐸ ᑲᓪᓗᒃ
Takuminarninginnik tukimuaktittiji: Paapa Kalluk
ᑎᑎᖅᑐᒐᖅᑐᖅ: ᓯᓐ ᓛᖕ
Titiqtugaqtuq: Xin Laang

ᓴᓇᓯᒪᓂᖓ ᐃᓕᖓᓂᖓᓗ ᐱᓯᒪᔭᑦ © 2014 ᓄᓇᕗᑦ ᒐᕙᒪᒃᑯᓐᓂ
ᑎᑎᖅᑲᖏᑦ ᐱᓯᒪᔭᑦ © 2014 ᓄᓇᕗᑦ ᒐᕙᒪᒃᑯᓐᓂ
ᑎᑎᖅᑐᒐᖅᓯᒪᓂᖏᑦ ᐱᓯᒪᔭᑦ © 2014 ᓄᓇᑦᑎᓐᓂ ᑐᓴᖃᑦᑕᐅᑎᓕᕆᔩᑦ (inhabit media)
Sanasimaninga ilinganingalu pisimajat © 2014 nunavut gavamakkunni
Titiqqangit pisimajat © 2014 nunavut gavamakkunni
Titiqtugaqsimaningit pisimajat © 2014 nunattinni tusaqattautilirijiit (inhabit media)

ᐱᔪᓐᓇᐅᑎ ᐱᓯᒪᔭᐅᔪᑦ. ᑎᑎᕋᖅᑕᐅᓯᒪᔪᑦ ᑖᒃᑯᐊ ᐊᒥᓱᓕᐊᕆᔭᐅᓐᓂᖅᐸᑕ, ᐊᔾᔨᓕᐊᕆᔭᐅᓐᓂᖅᐸᑕᓘᓐᓃᑦ ᖃᓄᑐᐃᓐᓇᖅ, ᖃᕋᓴᐅᔭᖅᑎᒍᑦ, ᐊᒥᓱᓕᐅᕈᑎᑎᒍᑦ, ᓂᐱᓕᐅᕈᑎᑎᒍᑦ, ᑐᖅᑯᖅᑕᐅᓯᒪᒃᐸᑕᓘᓐᓃᑦ ᐱᑐᐃᓐᓇᕆᐊᓕᒃᑯᑦ, ᐊᖏᕈᑎᖃᖏᓪᓗᑎᒃ ᑎᑎᕋᖅᑐᕕᓂᕐᓂᑦ, ᓱᕋᐃᕗᑦ ᑎᑎᖅᑲᑎᒍᑦ ᓴᖅᑮᔩᑦ ᒪᓕᒐᖏᓐᓂᒃ.
Pijunnauti pisimajaujut. Titiraqtausimajut taakkua amisuliarijaunniqpata, ajjiliarijaunniqpataluunniit qanutuinnaq, qarasaujaqtigut, amisuliurutitigut, nipiliurutitigut, tuqquqtausimakpataluunniit pituinnarialikkut, angirutiqangillutik titiraqtuvinirnit, suraivut titiqqatigut saqqiijiit maliganginnik.

ISBN: 978-1-927095-48-5

ᐃᒡᓚᕐᓇᖅᑐᑦ!

Iglarnaqtut!

ᐅᓛᓯ ᒫᒃᒧ Ulaasi Maakmu
ᑑᒥᓂᒃ ᐊᖑᑎᒻᒪᕆᒃ Tuuminik Angutimmarik
ᐊᑭᑦᑎᖅ ᐊᖑᑎᕐᔪᐊᖅ Akittiq Angutirjuaq
ᔪᓕᐊ ᐊᒪᕈᐊᓕᒃ Julia Amarualik
ᐳᑐᒍᖅ ᓯᒥᐅᓂ-ᑯᓪᓗᐊᕐᔪᒃ Putuguq Simiuni-Kulluarjuk
ᒧᓱᓯ ᐊᐃᓂᐊᓕᒃ Mususi Ainialik
Hᐃᓚᕆ ᒪᒃᐸ Hilari Makpa
ᐃᒥᐅᓪᑕ ᐊᖑᑎᐊᓗᒃ Imiulta Angutialuk
ᐋᓂ ᐊᐅᓪᓚᓗᒃ Aani Aullaluk
ᐄᕙ ᓄᑲᑉᐱᐊᖅ Iiva Nukappiaq

ᑎᑎᖅᑐᒐᖅᑐᖅ *Titiqtugaqtuq*
ᑦᓯᓐ ᓛᖕ Xin Lang

ᐅᖃᐅᓯᕆᒋᐊᖖᒐᕐᓂᖅ

Uqausirigiannngarniq

ᐃᓄᐃᑦ ᐅᓂᒃᑳᓕᐅᖅᐸᒃᑐᑦ ᐃᑲᔫᑎᖃᒻᒪᕆᒃᐸᒃᐳᑦ ᐃᓄᐃᑦ ᐅᖃᐅᓯᖓᑦ ᐅᓪᓗᒥ ᐊᑐᖅᑕᐅᕙᖕᓂᖓᓄᑦ. ᐅᐱᒍᓲᑎᒋᓪᓗᑎᒍᓪᓗ ᐃᓄᐃᑦ ᐅᖃᐅᓯᖓᓐᓂᒃ, ᐱᖅᑯᓯᖏᓐᓂᒃ ᐅᓂᒃᑳᕆᕙᒃᑕᖏᓐᓂᒡᓗ, ᑕᒪᒃᑯᐊ ᓇᓗᓇᐃᖅᓯᔾᔪᑕᐅᖕᒪᑕ ᐃᓄᐃᑦ ᑭᒃᑰᓂᖏᓐᓂᒃ ᓄᓇᕗᒻᒥᐅᓄᑦ ᐅᑭᐅᖅᑕᖅᑐᒥᐅᓄᓪᓗ.

ᑖᓐᓇ ᑎᑎᕋᐅᔭᒐᓕᒃ ᐅᖃᓕᒫᒐᖅ ᖁᓕᓂᒃ ᐅᓂᒃᑳᖅᓂᒃ ᐅᓂᒃᑲᐅᓯᖃᖅᐳᖅ ᐃᓄᐃᑦ ᐃᒡᓚᖅᓇᕆᔭᖏᓐᓂᒃ. ᐅᓂᒃᑳᑦ ᓂᕈᐊᖅᑕᐅᓚᐅᖅᓯᒪᔪᑦ ᐃᓕᖅᑯᓯᓕᕆᔨᒃᑯᑦ ᑎᑎᖅᑲᓕᕆᑦᑎᒧᑦ ᐅᓂᒃᑳᓕᐊᖑᓯᒪᔪᓂᒃ ᑐᒃᓯᖅᑲᓚᐅᖅᓯᒪᑎᓪᓗᒋᑦ. ᖁᔭᒋᕙᕗᑦ ᐅᓂᒃᑳᓕᐊᒥᖕᓂᒃ ᓇᒃᓯᐅᔾᔨᖃᑦᑕᓚᐅᖅᑐᑦ ᑕᕝᕗᖓ ᐅᖃᓕᒫᒐᖅᒧᑦ ᐊᑐᖅᑕᐅᔪᓂᒃ.

ᐅᖃᓕᒫᖅᑕᔅᓯ ᐃᒡᓚᕈᑎᒋᖃᑦᑕᖅᓂᐊᖅᑕᒃᓴᕆᕙᓯ ᐅᕙᑦᑎᑐᑦ ᐅᖃᓕᒫᒐᖅᒥᒃ ᐋᖅᑭᒃᓱᐃᕙᓪᓕᐊᑎᓪᓗᑕ ᐃᒡᓚᖅᑐᒻᒪᕆᐅᕙᓚᐅᖅᑲᑦᑕ!

Inuit unikkaaliuqpaktut ikajuutiqammarikpakput inuit uqausingat ullumi atuqtauvangninganut. Upigusuutigillutigullu inuit uqausingannik, piqqusinginnik unikkaarivaktanginniglu, tamakkua nalunaiqsijjutaungmata inuit kikkuuninginnik nunavummiunut ukiuqtaqtumiunullu.

Taanna titiraujagalik uqalimaagaq qulinik unikkaarnik unikkausiqaqpuq inuit iglarnarijanginnik. Unikkaat niruaqtaulauqsimajut iliqqusilirijikkut titiralirittimut unikkaaliangusimajunik tuksiralauqsimatillugit. Qujagivavut unikkaaliamingnik naksiujjiqattalauqtut tavvunga uqalimaagarmut atuqtaujunik.

Uqalimaaqtassi iglarutigiqattarniaqtaksarivasi uvattitut uqalimaagarmik aaqqiksuivalliatilluta iglaqtummariuvalauratta!

ᐅᓛᓯ ᒫᒃᒧ - ᐸᖕᓂᖅᑑᖅ

Ulaasi Maakmu – Pangniqtuuq

ᐅᐱᕐᖕᖔᒃᑯᑦ ᐃᖃᓗᓐᓂ ᐃᖅᑲᓇᐃᔮᕇᕋᒪ ᐊᖏᕐᕋᐅᔪᖓ ᑕᖃᓯᒪᕖᙵᖅᑐᖓ. ᐃᓯᑐᐊᕋᒪ ᓇᑎᕐᒧᑦ ᓇᓪᓚᖅᑐᖓ. ᐸᓂᒐ ᐅᖃᐅᑎᓪᓗᒍ, "ᑮᓇᕋ ᐱᐅᓴᓚᐅᕈᒃ ᐊᒻᒪᓗ ᓄᔭᓕᕆᓗᙵ." ᐅᐸᑲᐅᑎᒋᑯᓗᑦᑐᓂ. ᓂᓪᓕᖅᑎᑦᑐᓂᐅᒃ ᓂᐱᓕᐅᕈᑦ, ᐅᖃᐅᑎᓪᓗᒍ "ᓂᐱᖅᑯᖅᑐᓗᓂ". ᐋᓯᑦ ᐊᓕᐊᓇᐃᒍᓱᒧᑦ ᓯᓂᓕᖅᑐᖓ ᓇᑎᕐᒥ. ᐃᖅᑯᒻᒪᓯᔪᖓ ᓯᕙᓂᖅᑐᖅ ᒪᑐᕗᑦ. ᐅᖃᐅᑎᓪᓗᒍ ᐸᓂᒐ ᒪᑐᒧᑦ ᑕᑯᔭᖅᑐᖁᓪᓗᒍ ᐹᒧᑦ. ᐅᖃᖃᑎᖃᕐᕙᓗᑦᑐᖅ ᑐᓵᓪᓗᒍ.

ᐊᓈᓈᓚᓯᓪᓗᓂ ᖃᐃᖁᔨᔪᖅ. ᐅᖃᖅᑐᓂ ᐸᓖᓯᒃᑯᑦ. ᐸᓖᓯᒃᑰᓂᕋᖅᑐᓂᒋᑦ ᖁᐊᖅᓵᕈᔪᑦᑐᖓ ᑕᑯᔭᖅᑐᓯᔪᖓ. ᑕᑯᓴᕋᒥᒃ ᐃᓪᓚᖅᓯᔪᐃᓐᓇᐅᓪᓗᑎᒃ. ᐅᖃᕆᐊᖅᐸᒃᑲᓗᐊᖅᑐᓂ ᐅᖃᙱᓐᓇᐸᑦᑐᓂ, ᑐᓄᒻᒪᕆᑉᐸᓕᖅᑑᒃ. ᐃᓛᒃ ᑕᐃᒫᔅᓴᐃᓐᓈᓗᒃ ᑕᑯᓴᕋᓗᐊᕋᐃᒻᒪᑎᒃ ᑕᐃᒫᔅᓴᐃᓐᓈᓗᒃ ᐃᓪᓚᖅᓯᕙᑦᑐᑎᒃ. ᒫᑑᑉ ᑎᕆᖅᑯᖏᓐᓄᑦ ᐳᑦᑐᑎᒃ ᐃᓪᓚᖅᑐᐊᓘᓪᓗᑎᒃ. ᖁᕕᐊᖅᑐᔅᓴᐅᒍᓐᓃᕐᖓᑎᒃ ᐊᑯᓂᒋᓕᕋᒃᑭᒃ ᓱᒻᒪᖕᖔᑎᒃ ᐊᐱᓇᒐᓱᓕᖅᑐᖓ. "ᓱᔪᐊᓘᕕᓯᒃ, ᓱᒐᓗᐊᖅᑭᓯᒃ?" ᓱᐊᖕᒐᓕᖅᒦᔾᒃᑲᒃ.

Upirngaakkut iqalunni iqqanaijariirama angirraujunga taqasimaviinngaqtunga. Isituarama natirmut nallaqtunga. Paniga uqautillugu, "Kinara piusalauruk ammalu nujalirilunnga." Upakautigikuluttuni. Nilliqtittuniuk nipiliurut, uqautillugu "Nipiqquqtuluni". Aasit alianaigusumut siniliqtunga natirmi. Iqqummasijunga sivaniqtuq matuvut. Uqautillugu paniga matumut takujaqtuqullugu paamut. Uqaqatiqarvaluttuq tusaallugu.

Anaanaalasilluni qaiqujijuq. Uqaqtuni paliisikkut. Paliisikkuuniraqtunigit quaqsaarujuttunga takujaqtusijunga. Takusaramik illaqsijuinnaullutik. Uqariaqpakkaluaqtuni uqanngiinnapattuni, tunummarippaliqtuuk. Ilaak taimaassainnaaluk takusaraluaraimmatik taimaassainnaaluk illaqsivattutik. Matuup tiriqqunginnut puttutik illaqtualuullutik. Qiviaqtussaugunniirngatik akunigilirakkik

ᐅᐸᑦᑐᕋᓱᑦᑑᒃ ᑕᐃᒫᒃ ᑭᓯᐊᓂᐅᕙᓪᓚᐃᓕᕐᖓᑦ ᐅᖃᓯᔫᒃ, ᓂᐱᑭᑦᑐᒥᒡᒎᖅ ᑐᓴᕋᓐᓈᓚᐅᕐᓚᖓ. ᓴᓂᓕᕗᒡᒎᖅ ᐊᑲᐅᔅᓴᖏᒻᒪᑕ. ᐃᓪᓚᖅᓯᒃᑲᓐᓂᕆᓪᓗᓂ. ᐊᐱᕆᓪᓗᓂ "Hᐋᓗᕖᓕᕖᖅᑭᓪᓖ?" ᐅᖃᒃᑲᓐᓂᖅᑐᓂ "ᑐᐊᕕᓗᐊᖅᑐᑎᑦ", ᐃᓪᓚᖅᑐᐊᓘᓪᓗᓂ. ᐅᔾᔨᕆᔾᔫᒥᓕᖅᑐᖓ ᐱᐅᓴᖅᑕᐅᖅᑲᐅᔪᖓ. ᐊᓂᒻᒪᑎᒃ ᑕᕐᕋᖅᑐᕆᐊᖅᑐᓕᖅᑐᖓ ᖃᓄᖅ ᐱᐅᓴᖅᓯᒪᑦᑕᕐᒪᖔᕐᒪ ᑕᑯᓂᐊᓕᖅᑐᖓ. ᓱᓇᐅᕝᕙ ᕌᒻᐴᓐᖑᐊᖑᔪᖓ ᐅᓇᓕᐅᓐᖑᐊᖅᑐᖓ. ᓄᔭᒃᑲ ᕿᓚᒃᓯᒪᓪᓗᑎᒃ, ᓇᓴᕈᕚᕋᓛᒥᒃ ᓂᐊᖅᑰᓯᖅᓯᒪᓪᓗᖓ ᐊᐅᐸᖅᑐᒥᒃ, ᑮᓇᕋ ᐆᔭᐅᔭᕐᒥᒃ ᐊᒥᐊᖅᓯᒪᓪᓗᓂ. ᐅᕙᓐᓂᒃ ᐃᔪᕆᕖᖕᖓᓕᖅᑐᖓ ᑳᐸᑦᑎᐅᕌᓘᒐᒪ. ᐳᐃᒍᓪᓚᕆᑦᑐᒥᓂᐅᔪᖓ ᐱᐅᓴᖅᓯᒪᔪᖓ ᐸᓖᓯᒃᑰᓂᕋᖅᑕᐅᒻᒪᑕ. ᐅᐱᓐᓇᕋᓂᓕ ᐱᐅᓴᖅᑕᐅᓯᒪᓱᒋᔪᒐᒪ.

summangaatik apirigasuliqtunga. "Sujualuuvisik, sugaluaqqisik?" Suangalirmijaakkak. Upatturasuttuuk taimaak kisianiuvallailirngat uqasijuuk, nipikittumigguuq tusarannaalaurlanga. Sanilivugguuq akaussangimmata. Illaqsikkannirilluni. Apirilluni "Haaluviiliriiqqillii?" Uqakkanniqtuni "tuaviluaqtutit", illaqtualuulluni. Ujjirijjuumiliqtunga piusaqtauqqaujunga. Animmatik tarraqturiaqtuliqtunga qanuq piusaqsimattarmangaarma takunialiqtunga. Sunauvva raampuunnguangujunga Unaliunnguaqtunga. Nujakka qilaksimallutik, nasaruvaaralaamik niaquusiqsimallunga aupaqtumik, kiinara uujaujarmik amiaqsimalluni. Uvannik ijuriviinngaliqtunga kaapattiuraaluugama. Puigullarittuminiujunga piusaqsimajunga paliisikkuuniraqtaummata. Upinnaranili piusaqtausimasugijugama.

140

ᑑᒥᓂᒃ ᐊᖑᑎᒻᒪᕆᒃ - ᐃᒡᓗᓕᒃ

TUUMINIK ANGUTIMMARIK – IGLULIK

ᑕᐃᔅᓱᒪᓂ ᑯᐊᐸᒃᑯᑦ ᑳᐱᑐᕐᕕᖅᑲᖅᑎᑦᑐᒥᑦ ᓄᑕᐅᖏᑦᑐᒥᒃ ᑲᒪᔩᐅᑦᓗᖓ ᐊᐅᔭᒃᑯᑦ ᑕᒫᓂ ᓴᒡᒐᕈᒻᒥ ᖃᓐᓂᖅᑐᐊᓘᓚᐅᖅᓯᒪᖕᒪᑦ ᐊᐱᕙᓵᖅᖢᓂ ᒪᓂᕋᖅ. ᐊᓄᕌᕐᒪᑦ ᖃᓐᓂᖅᖢᓂ ᑳᐱᑐᕐᕕᖕᒥᑦ ᐅᕙᑦᑎᓐᓄᐊᕐᓂᐊᓕᕋᒪ ᐊᓂᑦᓗᖓ ᓱᓕ, ᐱᖅᓯᖅᑐᖅ. ᐊᒡᒍᒧᑦᓗ ᐱᓱᒋᐊᖃᕋᒪ ᓇᓴᕋ ᐊᒻᒧᒃᑎᕕᒡᔪᐊᖅᖢᒍ ᐃᔾᔨᐊᓇᖅᑐᐊᓘᖕᒪᑦ ᖃᓐᓂᖅᑐᒧᑦ. ᐃᒡᓗᕗᑦ ᑐᕌᕆᐊᖅᖢᒍ ᐱᓱᓕᖅᖢᖓ ᐊᒡᒍᒧᑦ. ᐊᑯᓂᓗᐊᖅ ᐱᓱᓕᕋᒪ ᒪᑭᓐᓂᐊᓕᖅᖢᖓ, ᐃᒡᓗᒧᑦᓗ ᑎᑭᕐᖢᖓ. ᓯᓚᒦᑦᑐᑦᓗ ᒪᔪᕋᐅᑎᑦ ᐊᐳᑲᐅᑎᒋᒐᒃᑭᑦ ᑐᖅᓲᑦᑎᓐᓄᑦ ᐃᓯᖅᖢᖓ. ᐃᓱᒪᑲᐅᑎᒋᑦᓗᖓ ᓄᓕᐊᕋ ᑐᖅᓲᑦᑎᒍᑦ ᓇᑎᕌᓗᕕᓂᕐᒥᒃ ᐊᓗᕐᓗᐃᔭᐅᓯᖅᓯᓐᓂᖅᖢᓂ. ᐃᓯᖅᖢᖓ ᓄᓕᐊᕋ ᓴᖅᑭᔮᖏᕐᖢᓂ, ᐅᒃᓚᖅᑎᖓ ᐃᓐᓇᐅᑦᓗᓂ ᐃᕐᖑᑕᓕᔭᖅᖢᓂ ᐊᖑᑎᑯᓗᖕᒥᒃ. ᐃᒃᓯᕙᐅᑖᓗᖕᒥ ᐳᓛᖅᓯᒪᔫᒃ ᓴᖅᑭᔮᖅᑐᑑᖕᒪᑎᒃ ᓄᓕᐊᕋ ᑕᓕᐅᒪᖕᒪᑦ ᓴᖅᑭᔮᖏᒻᒪᑦ ᑲᒥᑦᓚᕋᒪ ᑕᐅᕗᖓ ᐃᒡᓗᕈᓯᑦᑎᓐᓄᑦ ᑕᑯᒋᐊᕋᒃᑯ, ᖃᓄᖅ ᐃᒡᓕᖅᐳᑦᓗ ᑭᓱᑐᐃᓐᓇᐃᑦ ᐋᖅᑭᒃᓱᕈᓘᔭᖅᓯᒪᖕᒪᑕ ᐅᔾᔨᕈᓱᓕᕋᒪ ᕿᒥᕐᕈᐊᑦᑎᐊᓕᕋᒪ

Taissumani kuapakkut kaapiturviqaqtillugit nutaungittumik kamajiullunga aujakkut tamaani saggarummi qanniqtualuulauqsimangmat apivasaaqłuni maniraq. Anuraarmat qanniqłuni kaapiturvingmit uvattinnuarnialirama anillunga suli, piqsiqtuq. Aggumullu pisugiaqarama nasara ammuktivigjuaqługu ijjianaqtualuungmat qanniqtumut. Igluvut turaariaqługu pisuliqłunga aggumut. Akuniluaq pisulirama makinnialiqłunga, iglumullu tikiłłunga. Silamiittullu majurautit apukautigigakkit tuqsuuttinnut isiqłunga. Isumakautigillunga nuliara tuqsuuttigut natiraaluvinirmik alurluijausiqsinniqłuni. Isiqłunga nuliara saqqijaangiłłuni, uglaqtinga innaulluni irngutalijaqłuni angutikulungmik. Iksivautaalungmi pulaaqsimajuuk saqqijaaqtutuungmatik nuliara taliumangmat saqqijaangimmat kamillarama tauvunga Iglurusittinnut takugiarakku, qanuq igliqpullu kisutuinnait aaqqiksuruluujaqsimangmata ujji-

ᓱᓇᐅᕝᕙ ᐃᒡᓗᒋᖖᒋᑕᑦᑎᓐᓄᑦ ᐃᓯᖅᓯᒪᓐᓂᖅᖢᖓ. ᐳᓛᖅᓯᒪᓇᓱᒋᔭᕋ ᐊᖕᒋᕐᕋᖅᓯᒪᓐᓂᖅᖢᓂ ᐃᒡᓗᒥᓂ ᐊᒃᓱᐊᓗᒃ ᑲᖖᒍᑦᑎᓚᐅᖅᓯᒪᔪᖓ.

rusulirama qimirruattialirama sunauvva igluginngitattinnut isiqsimanniqłunga. Pulaaqsimanasugijara angirraqsimanniqłuni iglumini aksualuk kanngutti-lauqsimajunga.

ᐊᑭᑦᑎᖅ ᐊᖑᑎᕐᔪᐊᖅ – ᐃᒡᓗᓕᒃ

Akittiq Angutirjuaq – Iglulik

ᐸᐃᑉᐹᖁᑎᓕᕆᔭᖅᑐᖅᐸᒃᑐᑎᒍᑦ ᐊᕝᕙᔾᔭᒧᑦ ᑏᑐᕆᐊᖅᖢᑕ ᑎᓱᕆᐊᖅᖢᑕᓗ ᑲᒪᔾᔨᑦᑎᓐᓂᒃ ᐃᓚᖅᑲᖅᖢᑕ. ᐊᕝᕙᔾᒦᓕᖅᑎᓪᓗᑕ ᐃᓪᓗᑯᓗᒐᓗ ᓱᐴᖅᑐᕈᓕᕋᓐᓄᒃ ᑭᓯᐊᓂ ᑖᓐᓇ ᐊᐅᓚᑦᑎᔩᕗᑦ ᑲᙵᒋᓪᓗᑎᒍᒃ ᑕᓕᑦᑕᖅᑐᕈᒪᓕᖅᐳᒍᒃ, ᑭᓯᐊᓂ ᑕᓪᓕᕝᕕᒃᑕᖃᔮᖏᑦᑐᖅ ᒪᔪᖅᖢᓂ ᑭᓯᐊᓂ. ᐊᓱᐃᓛᒃ ᐃᓪᓗᑯᓗᒐᓘᓪᓗᓄᒃ ᓯᕕᑐᔪᕈᓗᖕᒧᑦ ᒪᔪᖦᖤᓕᖅᐳᒍᒃ ᑕᑉᐸᐅᙵᕐᔪᐊᖅᖢᓄᒃ ᑭᓯᐊᓂ ᑕᓕᒃᑲᓐᓄᒃ ᐃᖏᖦᖢᓄᒃ ᓱᐴᖅᑐᓕᖅᑐᒍᒃ ᐅᖃᓪᓚᑲᑕᒃᖢᓄᒃ ᖁᕕᐊᓱᒃᖢᓄᒃ. ᐅᐊᑦᑎᐊᕈᙳᖅᑎᓪᓗᒍ ᐅᑎᕈᒪᓕᖅᐳᒍᒃ ᑕᐅᓄᖓᓗ ᑕᑯᒋᐊᑦᑎᐊᓕᑕᐃᓐᓇᕋᓐᓄᒃ ᐊᐃᓐᓈ ᓇᖏᐊᓕᖅᑐᒍᒃ ᑕᐅᓄᖓ ᓯᕕᑐᔪᐊᓗᖕᒪᑦ ᖁᑦᑎᒃᑐᒧᐊᓗᐊᕐᓂᕋᓐᓄᒃ. ᖃᓄᐊᓗᒡᓕ? ᑕᕝᕙᓂ ᑎᓕᐅᕆᖃᑦᑕᐅᑎᓕᖅᑐᒍᒃ, "ᐃᕝᕕᑦ ᑎᓱᓗᑎᑦ" ᐊᑯᓂᕈᓗᒃ ᐊᐃᕙᖃᑦᑕᐅᑎᓪᓗᓄᒃ ᖃᓄᖅᑑᖦᖤᓕᖅᐳᒍᒃ. ᐃᓪᓗᑯᓗᒐ ᓱᔪᐊᓗᒃ ᑐᖅᖢᓚᓪᓗᓂ, "ᐋᓚᓐ, ᐋᓐᓄᓘᓰ ᖃᐃᒋᑦ ᓯᑭᑑᕐᓗᑎᑦ." ᐅᖃᐅᑎᓕᖅᐸᕋ, "ᑐᓴᖅᑕᐅᔾᔮᖏᑦᑐᑎᑦ." ᑭᐅᕚᖓ, "ᐋᒃᑲᐅᑐᐃᓐᓇᕆᐊᓕᒃ, ᐊᑏ ᐊᑕᐅᑦᑎᑰᖅᓗᓄᒃ, 1, 2,

Paippaaqutilirijaqtuqpaktutigut avvajjamut tiituriaqłuta tisurariaqłutalu kamajittinnik ilaqaqłuta. Avvajjamiiliqtilluta illukulugalu supuuqturulirannuk kisiani taanna aulattijivut kanngugillutiguk talittaqturumaliqpuguk, kisiani tallivviktaqajaangittuq majuqłuni kisiani. Asuilaak illukulugaluullunuk sivitujurulungmut majułłaliqpuguk tappaunngarjuaqłunuk kisiani talikkannuk ingiłłunuk supuuqtuliqtuguk uqallakatakłunuk quviasukłunuk. Uattiarunnguqtillugu utirumaliqpuguk taunungalu takugiattialitainnarannuk ainnaa nangialiqtuguk taununga sivitujualungmat quttiktumualuarnirannuk. Qanualugli? Tavvani tiliuriqattautiliqtuguk, "ivvit tisulutit" akuniruluk aivaqattautillunuk qanuqtuułłaliqpuguk. Illukuluga sujualuk tuqłulalluni, "aalan, aannuluusii qaigit sikituurlutit." Uqautiliqpara, "tusaqtaujjaangittutit." Kiuvaanga, "aakkautuinnarialik, atii ataut-

3, ᐋᓚᓐ, ᐋᓐᓄᓘᓯ ᓯᑭᑑᕐᓗᓯᒃ ᖃᐃᒋᔅᓯᒃ.” ᑕᐃᒪᓐᓇ ᐅᖃᖃᑦᑕᖅᓯᒪᔅᓲᔭᖅᖢᓄᒃ ᐊᓱᐃᓛᒃ ᐋᓐᓄᓘᓯ ᖃᐃᓕᖅᖢᓂ ᓯᑭᑑᖅᖢᓂ, ᑭᓯᐊᓂ ᑐᑭᓯᐅᒪᖕᒋᑦᑐᖕᒐ ᖃᓄᐃᒻᒪᑦ ᓯᑭᑑᖁᓚᐅᕐᒪᖕᒑᑦᑎᒍᒃ. ᑕᐅᓄᖕᒐ ᓄᖅᑲᕋᒥ ᑐᖅᖢᓚᕗᖅ, “ᑎᓱᑐᐃᓐᓇᕐᓗᓯᒃ”, “ᐃᓛᒃ ᓇᖕᒋᐊᓕᕋᓐᓄᒃ.” “ᖁᔭᓇ, ᐊᑏ ᑎᓱᓗᓯᒃ” ᐅᖃᖅᐸᓚᐅᕋᓗᐊᖅᖢᓂ ᓂᙵᓕᕋᒥ ᐅᖃᓕᖅᐳᖅ, “ᕿᒪᖕᓂᐊᓕᖅᑕᔅᓯᒃ.” ᖃᐅᔨᒪᓕᕋᒪ ᑭᓯᐊᓂ ᑎᓱᓪᓗᓄᒃ ᐊᓱᐃᓛᒃ ᐋᖅᑭᒃᖢᖕᒐ ᑎᓱᓂᐊᓕᕋᒪ. ᐊᐃᓐᓈ ᓇᖕᒋᐊᕐᓇᖅᑐᐊᓗᒃ. ᖃᐃᖁᖅᑲᐅᔭᕗᒃ ᓂᙵᖕᒪᑦ ᕿᒪᒃᑕᐅᓕᒑᓕᕋᓐᓄᒃ ᑎᓱᖦᖤᖅᐳᖕᒐ. ᐃᓗᑐᓂᖅᑕᖃᕐᓂᖅᖢᓂ ᑕᕝᕗᖕᒐ ᐴᑲᕋᒪ ᑖᓐᓇ ᐃᓗᑐᓂᖅ ᐃᓗᑦᑐᒃᑲᓐᓂᖅᖢᓂ. ᑕᐅᓄᖕᒐ ᑎᓱᕈᓘᔭᓚᐅᖅᖢᖕᒐ ᐊᓂᒍᖅᖢᓂ. ᐃᓪᓗᑯᓗᒐ ᑎᓱᓂᐊᖅᐸᒃᖢᓂ ᐊᔪᓕᖅᐸᒃᖢᓂ, ᓂᙵᖃᑕᐅᓕᖅᖢᖕᒐ ᑎᓱᖁᓪᓗᒍ. ᐊᑯᓂᐅᓕᕐᒪᑦ ᕿᒪᓕᒑᑦᑎᐊᓕᕋᑦᑎᒃᑯᒃ ᐊᓱᐃᓛᒃ ᑎᓱᕝᕕᒋᖅᑲᐅᔭᓐᓄᐊᕋᒥ ᑎᓱᓂᐊᓯᖦᖤᖅᐳᖅ. ᐊᔪᕐᓇᖦᖤᐱᓚᐅᕋᓗᐊᖅᖢᓂ ᐊᓱᐃᓛᒃ ᑎᓱᓯᓪᓗᓂ. ᑎᓱᑎᓪᓗᖕᒐ ᐃᓗᑐᓂᖅᑕᖃᖅᑲᐅᖕᒪᑦ ᑕᐃᑰᓇ ᐴᑲᖅᑐᑯᓘᒐᒥ ᑕᑉᐸᐅᖕᒐᔾᔫᒥᓱᖕᒐᖅ ᖃᖕᒐᑦᑕᖅᖢᓂ ᓲᖃᐃᒻᒪ ᐃᓗᑦᑐᒃᑲᓐᓂᖅᑲᐅᖕᒪᑦ ᐴᑲᕋᒪ. ᑕᐅᓄᖕᒐ ᑐᓐᓇᒥ ᐹᒻᒪᖕᒐᓪᓗᓂ ᑕᓕᖕᒋᒃ ᐃᓵᖕᒐᓪᓗᑎᒃ ᑯᔾᔭᖕᒐᖕᒑᖅᖢᓂ ᑎᓱᔪᑯᓘᓕᕐᒪᑦ. ᑕᕝᕙᓕ ᐋᓐᓄᓘᓯ ᐅᖃᖅᐳᖅ ᓂᐱᑭᖦᖢᐃᓂ, “ᓲᐳ ᓴᒨ”. ᓲᖃᐃᒻᒪ ᑕᓕᖕᒋᒃ ᐃᓵᖕᒐᓪᓗᑎᒃ ᐹᒻᒪᖕᒐᓪᓗᓂ ᑎᓱᕈᓘᔭᖅᑐᑦᓚᑯᓘᖕᒪᑦ.

tikuurlunuk, 1, 2, 3, aalan, aannuluusii sikituurlusik qaigissik.” Taimanna uqaqattaqsimassuujaqłunuk asuilaak aannuluusi qailiqłuni sikituuqłuni, kisiani tukisiumangittunga qanuimmat sikituuqulaurmangaattiguk. Taununga nuqqarami tuqłulavuq, “tisutuinnarlusik”, “ilaak nangialirannuk.” “qujana, atii tisulusik” uqaqpalauraluaqłuni ninngalirami uqaliqpuq, “qimangnialiqtassik.” Qaujimalirama kisiani tisullunuk asuilaak aaqqikłunga tisunialirama. Ainnaa nangiarnaqtualuk. Qaiquqqaujavuk ninngangmat qimaktauligaalirannuk tisułłaqpunga. Ilutuniqtaqarniqłuni tavvunga puukarama taanna ilutuniq iluttukkanniqłuni. Taununga tisuruluujalauqłunga aniguqłuni. Illukuluga tisuniaqpakłuni ajuliqpakłuni, ninngaqatauliqłunga tisuqullugu. Akuniulirmat qimaligaattialirattikkuk asuilaak tisuvvigiqqaujannuarami tisuniasiłłaqpuq. Ajurnałłapilauraluaqłuni asuilaak tisusilluni. Tisutillunga ilutuniqtaqaqqaungmat taikuuna puukaqtukuluugami tappaungajjuumisungaq qangattaqłuni suuqaimma iluttukkanniqqaungmat puukarama. Taununga tunnami paammangalluni talingik isaangallutik kujjangangaaqłuni tisujukuluulirmat. Tavvali aannuluusi uqaqpuq nipikiłłuini, “suupu samuu”. Suuqaimma talingik isaangallutik paammangalluni

ᑕᒪᐅᖓᓗ ᓵᑦᑎᐊᑦᑎᓐᓄᑦ ᓄᖅᑲᖅᖢᓂ. ᐋᓐᓄᓘᓯᓗ ᐊᐅᓚᔾᔭᖏᑦᑐᒍᒃ ᓂᓪᓕᖏᖦᖢᓄᒡᓗ. ᐅᕙᑦᑎᓐᓄᑦ ᕿᕕᐊᕋᒥ ᓯᕿᓐᓂᖅᑐᖅᓯᐅᑎᓂᒃ ᐃᒃᒐᒃᓯᒪᓪᓗᓂ ᑖᒃᑯᐊ ᐅᕕᖓᓪᓗᑎᒃ ᐊᐳᒻᒥᒃ ᐃᓗᓪᓕᖅᓯᒪᓪᓗᑎᒡᓗ. ᑎᔅᓯᒋᒻᒪᕆᐊᓗᒃᑲᓗᐊᖅᖢᑎᒍᒃ ᓂᓪᓕᖏᑦᑐᒍᒃ ᐋᓐᓄᓘᓯᓗ ᓲᖃᐃᒻᒪ ᐊᕐᖏᓚᖅᑭᓯᒪᖅᑰᔨᖕᒪᑦ. ᓲᐳᓴᒨᓚᓵᕐᒪᓪᓗ ᑎᔅᓯᓇᓗᐊᒃᑲᓐᓂᖅᖢᓂ. ᑕᕝᕙᓕ ᐋᓐᓄᓘᓯ ᐃᒡᓚᖅᑕᐃᓕᒪᓗᐊᒧᑦ ᑎᔅᓯᑦᑕᐱᓪᓚᒃᑐᕐᓛᓘᖕᒪᑦ ᓱᕐᓗᖕᒥᒍᑦ ᑕᕝᕗᖓ ᐊᒃᓱᕈᑦᑎᐊᖅᖢᒍ ᐃᑯᓯᒃᖢᒍ. ᐊᒃᓱᕈᑦᑎᐊᖅᖢᖓ ᐃᒡᓚᖅᓯᓪᓗᖓ ᐊᔪᓕᑦᑎᐊᕋᒪ ᒪᓕᒃᓴᑲᐅᑎᒋᓪᓗᓂ ᐋᓐᓄᓘᓯ, ᐃᒡᓚᖅᑐᐊᓘᓕᕋᓐᓄᒃ. ᓲᖃᐃᒻᒪ ᐃᓪᓗᑯᓗᒐ ᐃᒡᓚᖏᑦᑐᖅ, ᐊᒃᓱᕈᑦᑎᐊᖅᖢᓂᓗ ᐊᓐᓄᖦᖢᓂ ᐃᒃᒐᖏᒡᓗ ᐲᖅᖢᓂᒋᒃ ᓲᖃᐃᒻᒪ ᐊᐳᑎᐊᓘᖕᒪᑎᒃ. ᒪᑭᕋᔮᖅᖢᓂ ᐊᐳᑕᐃᔭᓕᖅᖢᓂ ᐅᖃᖅᐳᖅ, “ᐅᖃᖅᑕᐃᓕᕈᓗᒋᔅᓯᒃ.” ᑕᕝᕙᓂ ᐃᒡᓚᖅᑐᐊᓘᒐᓐᓄᒃ ᓄᑭᖅᑎᕈᔪᒃᐸᓵᓕᖅᑐᒍᒃ ᐅᖃᖅᐸᒃᖢᓄᒃ, “ᓲᐳ ᓴᒨ.” ᐃᒡᓚᖅᓯᒪᔪᐊᓘᓕᖅᑐᒍᒃ. ᐃᓪᓗᑯᓗᒐ ᐃᒡᓚᖃᑕᐅᕌᕐᔪᒃᐸᓕᖅᖢᓂ. ᑕᕝᕙᓂ ᐃᒡᓚᖅᓯᒪᕈᓘᔮᓪᓚᓚᐅᖅᖢᑕ ᐃᓪᓗᑯᓗᒐ ᐃᒡᓚᖃᑕᐅᑲᑕᒃᖢᓂ ᖁᕕᐊᓱᑦᑎᐊᓕᖅᖢᑕ ᐃᓚᒋᔭᑦᑎᓐᓄᑦ ᐅᑎᓚᐅᖅᑐᒍᑦ ᐅᓂᒃᑳᓚᐅᙱᓐᓇᖅᖢᑕᓗ.

tisuruluujaqtullakuluungmat. Tamaungalu saattiattinnut nuqqaqłuni. Aannuluusilu aulajjangittuguk nillingiłłunuglu. Uvattinnut qiviarami siqinniqtuqsiutinik iggaksimalluni taakkua uvingallutik apummik ilulliqsimallutiglu. Tissigimmarialukkaluaqłutiguk nillingittuguk aannuluusilu suuqaimma arngilaqisimaqquujingmat. Suupusamuulasaarmallu tissinaluakkanniqłuni. Tavvali aannuluusi iglaqtailimaluamut tissittapillakturlaaluungmat surlungmigut tavvunga aksuruttiaqługu ikusikługu. Aksuruttiaqłunga iglaqsillunga ajulittiarama maliksakautigilluni aannuluusi, iglaqtualuulirannuk. Suuqaimma illukuluga iglangittuq, aksuruttiaqłunilu annułłuni iggangiglu piiqłunigik suuqaimma aputialuungmatik. Makirajaaqłuni aputaijaliqłuni uqaqpuq, “uqaqtailirulugissik.” Tavvani iglaqtualuugannuk nukiqtirujukpasaaliqtuguk uqaqpakłunuk, “suupu samuu.” Iglaqsimajualuuliqtuguk. Illukuluga iglaqatauraarjukpaliqłuni. Tavvani iglaqsimaruluujaallalauqłuta illukuluga iglaqataukatakłuni quviasuttialiqłuta ilagijattinnut utilauqtugut unikkaalaunngiinnaqłutalu.

ᔪᓕᐊ ᐊᒪᕈᐊᓕᒃ - ᐃᒡᓗᓕᒃ

Julia Amarualik - Iglulik

ᐅᓂᒃᑳᑐᐃᓐᓇᕐᒥᒃ ᐅᓂᒃᑳᕐᓂᐊᖅᐳᖓ. ᐅᐃᓂᓵᖅᓯᒪᔪᑯᓘᓪᓗᖓ ᐃᓚᐅᖦᖤᓕᖅᐳᖓ ᓇᑦᑎᖅᓯᐅᕆᐊᖅᓯᒪᖕᒪᑦ ᐆᑦᑐᖅᓯᐅᕆᐊᖅᓯᒪᖕᒪᑦ ᐅᐃᑖᓵᕋ. ᑕᕝᕚᓯᑦ ᕿᒻᒥᖕᒋᑦ ᓄᓇᒧᙵᐅᓇᓱᖕᓂᕐᒪᑕ ᐃᖕᒋᕐᕋᔪᕈᓘᓕᕋᓐᓄᒃ ᓄᓇᑉ ᒥᒃᓵᓄᑦ. ᓄᓇᒧᓪᓗ ᖃᒡᓕᓪᓗᓄᒃ ᑲᑕᒃᑐᕈᓘᒋᐊᕋᒪ ᑕᒪᐅᖓ ᓯᑯᒧᑦ ᐃᒪᐃᖅᓯᓂᕐᒧᑦ ᒪᓂᕋᐅᖕᒋᑦᑐᒧᑦ ᓄᕗᒐᓚᖕᒧᑦ ᐊᕐᓇᙳᔾᔪᑎᒐ ᓇᒃᑎᓐᓂᕐᒪᑦ ᓇᐳᒧᑦ ᐅᓂᐊᖅᑕᐅᓯᔪᐊᓘᒐᒪ ᐊᓕᖕᒋᑦᑐᕐᓘᓐᓃᑦ ᐊᕐᓇᙳᔾᔪᑎᕈᓗᒃ ᓵᑦᑐᑯᓗᒃ, ᐅᖅᑭᑦᑐᑯᓘᖅᑰᕐᓂᕋᒪ. ᐊ'ᐋᒻᒪᕆᐊᓘᓪᓗᓂᓗ ᓯᑯ ᐃᒻᒪᒃᑎᓐᓂᐅᒐᒥ. ᑭᖕᒍᑉᐱᖕᒐᓪᓗᖕᒐᓗ ᐅᓂᐊᖅᓯᖅᖢᖓ, ᕿᐊᒻᒪᕆᓕᖅᖢᖓ. ᐊᓕᒃᐸᓪᓕ ᐊᑐᖅᑕᕋ ᑲᑕᒃᑯᒪ ᐋᓐᓂᕈᓘᔭᔾᔮᖕᒋᒃᑲᓗᐊᖅᑐᖓ. ᐅᖅᑭᓗᐊᒧᖅᑲᐃ ᐋᓐᓂᐊᐸᓗᕈᓘᔭᖅᖢᖓ ᐅᓂᐊᖅᑕᐅᕗᖓ. ᕿᒻᒥᑦ ᓄᓇᒧᐊᕋᒥᒃ ᓄᖅᑲᕐᒪᑕ ᐅᐃᒋᓕᖅᑕᒪ ᓲᖃᐃᒻᒪ ᐅᐸᒃᑲᒥᖕᒐ ᐃᖅᑭᖦᖢᓂᖕᒐ. ᑕᕝᕙ ᐃᒡᓚᖅᑐᖅ ᖃᐅᔨᒐᒪ ᐃᒃᐱᖕᓇᖅᓯᖕᒪᑦ ᕿᐊᖅᔭᐊᒃᑳᓐᓂᖅᓯᓕᖅᖢᖓ ᐅᕝᕙ ᐋᓐᓂᒐᓚᑐᐃᓐᓇᖅᖢᖓ.

Unikkaatuinnarmik unikkaarniaqpunga. Uinisaaqsimajukuluullunga ilaułłaliqpunga nattiqsiuriaqsimangmat uuttuqsiuriaqsimangmat uitaasaara. Tavvaasit qimmingit nunamunngaunasungnirmata ingirrajuruluulirannuk nunap miksaanut. Nunamullu qaglillunuk katakturuluugiarama tamaunga sikumut imaiqsinirmut maniraungittumut nuvugalangmut arnannguujjutiga naktinnirmat napumut uniaqtausijualuugama alingitturluunniit arnannguujjutiruluk saattukuluk, uqittukuluuqquurnirama. A'aammarialuullunilu siku immaktinniugami. Kinguppingallungalu uniaqsiqłunga, qiammariliqłunga. Alikpalli atuqtara katakkuma aanniruluujajjaangikkaluaqtunga. Uqiluamuqqai aanniapaluruluujaqłunga uniaqtauvunga. Qimmit nunamuaramik nuqqarmata uigiliqtama suuqaimma upakkaminga iqiłłuninga. Tavva iglaqtuq qaujigama ikpingnaqsingmat su-

ᓴᐃᒻᒪᕈᓗᒃᑲᒪ ᐃᒡᓚᖃᑕᐅᓯᑳᓪᓚᒃᖢᖓ ᑕᓕᕐᒪ ᐃᒡᓗᐊ ᑕᓪᓕᒐᓛᒃᖢᓂ.

uqaimma iglarninga qiarjuakkannirasuliqłunga uvva aannigalatuinnaqłunga. Saimmarulukkama iglaqatausikaallakłunga talirma iglua talligalaakłuni.

ᔫᓕᐊ ᐊᒪᕈᐊᓕᒃ - ᐃᒡᓗᓕᒃ

JULIA AMARUALIK – IGLULIK

1958-ᒥ ᐊᑐᖅᓯᒪᔭᕋ

ᐅᑭᐊᒃᓵᒃᑯᑦ ᐃᒡᓗᖅᑲᓐᓇᔪᒃᖢᖓ ᖅᑭᔪᖕᒥᒃ ᓴᓇᔭᖕᒐᓂᒃ ᐅᐃᒪ, ᓴᑭᒃᑯᒃᑲᒃ ᑐᐱᖅᑲᖅᖢᑎᒃ. ᐃᒐᖅᑲᕋᑦᑕ ᓲᖅᑲᐃᒻᒪ ᖅᑲᑦᑕᐅᔭᖅᒥᒃ ᖅᑭᔪᐊᖅᔪᓂᒃ ᖅᑭᔪᒃᑐᖅᖢᒍ ᐃᑭᓐᓂᐊᖅᑲᒃᑯ ᑕᕝᕙ ᐃᑭᓴᖅᑲᐃᑦᑑᓂᖅᑲᖅᑕᐅᔪᒥᒃ ᐅᖅᓲᓯᕝᕕᒃ ᐃᒪᖅᑲᖅᖢᓂ ᑎᖕᒥᓲᑦ ᓱᓇᐅᕝᕙ ᐅᖅᓱᒃᓴᖕᒐᑕ ᐃᓚᖓ. ᖅᑭᔪᐃᑦ ᑖᒃᑯᐊ ᐃᒐᒧᑦ ᐴᖅᑲᖅᑕᒃᑲ ᐃᑭᓵᓕᖅᑯᒧᑦ ᑕᕝᕙᖕᖓᑦ ᐅᖅᓱᖅᒥᒃ ᑯᕝᕕᕆᓪᓗᒍ. ᐃᑭᓴᖅᑲᐃᒻᒪᖕᖔᑦ ᑕᐅᑐᒐᓱᒃᖢᒍ ᖅᑯᓛᓂᑦ. ᐃᑯᒪᒥᒃ ᐴᖅᓯᒋᐊᖅᖢᖓ ᐃᑭᑳᓪᓚᒃᑐᐊᓘᖕᒪᑦ ᑮᓇᓐᓄᑦ ᓯᐱᔪᐊᓘᓪᓗᓂ. ᐆᓇᑳᓪᓚᒃᑐᐊᓘᖕᒪᑦ ᑮᓇᕋ ᒪᑐᐊᓪᓚᕈᓗᒃᖢᒍ ᐊᒡᒐᓐᓄᑦ. ᐃᒐᓐᓇᔪᒃ ᐃᑯᐊᓚᓕᖅᒪᑦ ᖅᑲᑦᑕᕋ ᒪᑐᓪᓗᒍ. ᓴᑭᒃᑯᓐᓄᖕᒐᐅᓯᑲᐅᑎᒋᓪᓗᖓ. ᑮᓇᕋ ᖅᑲᓄᐃᒻᒪᖕᖓᑦ ᑕᕐᕋᖅᑐᕆᐊᖅᑐᓕᖅᖢᖓ. ᑕᕐᕋᕐᕋ ᑕᑯᖦᖤᖅᐸᕋ ᖅᑲᓪᓗᖅᑲᔮᕈᓐᓃᖅᖢᖓ. ᑕᕝᕚᓯᑦ ᓴᑭᒪ ᐃᒡᓚᐅᑎᒋᓕᖅᖢᓂᖓ. ᐃᑭᓴᖅᑲᐃᑦᑐᒥᒃ ᐊᑐᖅᓯᖅᑲᑦᑕᖅᑯᓇᓂᖓ ᐅᖅᑲᐅᑎᑦᑐᓂᖓ. ᓲᖅᑲᐃᒻᒪ ᑕᐅᑐᒍᓯᒻᒪᓇᐅᔭᖅᑐᒍ

1958-Mi Atuqsimajara

Ukiaksaakkut igluqannajukłunga qijungmik sanajanganik uima, sakikkukkak tupiqaqłutik. Igaqaratta suuqaimma qattaujarmik qijuarjunik qijuktuqługu ikinniarakku tavva ikisaraittuuniraqtaujumik uqsuusivvik imaqaqłuni tingmisuut sunauvva uqsuksangata ilanga. Qijuit taakkua igamut puuqqaqtakka ikisaaliqumut tavvanngat uqsurmik kuvvirillugu. Ikisaraimmangaat tautugasukługu qulaanit. Ikumamik puuqsigiaqłunga ikikaallaktualuungmat kiinannut supijualuulluni. Uunakaallaktualuungmat kiinara matuallarulukługu aggannut. Igannajuk ikualalirmat qattara matullugu. Sakikkunnunngausikautigillunga. Kiinara qanuimmangaat tarraqturiaqtuliqłunga. Tarrara takułłaqpara qalluqajaarunniiqłunga. Tavvaasit sakima iglautigiliqłuninga. Ikisaraittumik

ᐃᑭᒋᐊᕋᒃᑯ. ᓲᖅᑲᐃᒻᒪᓕ ᓱᐱᕝᕕᐅᖮᓚᕋᒪ. ᐃᑯᒪᒧᑦ ᑕᐃᒪᓐᓇ ᐃᓱᒻᒪᒃᓯᒪᓐᓂᖖᒋᑎᒋᑦᓗᖕᖓ ᐅᐃᓂᒃᑎᑕᐅᕈᓘᔭᖮᓚᐱᓚᐅᖅᓯᒪᕗᖓ.

aturasuqattaqunaninga uqautilluninga. Suuqaimma tautugasummariujaqługu ikigiarakku. Suuqaimmali supivviułłarama. Ikumamut taimanna isummaksimanninngitigillunga uiniktitauruluujałłapilauqsimav unga.

ᐳᑐᒍᖅ ᓯᒥᐅᓂ - ᑯᓪᓗᐊᕐᔪᒃ, ᑭᙵᐃᑦ

Putuguq Simiuni - Kulluarjuk, Kinngait

ᐃᖃᓗᓐᓄᑦ ᐃᓕᓐᓂᐊᕆᐊᖅᐸᑦᓱᑕ ᒍᕆᒃ ᐃᓕᓐᓂᐊᖅᕕᐊᓗᖕᒧᑦ. ᑭᓇᑐᐃᓐᓇᖅ ᑐᑦᑐᓕᐊᖃᑕᐅᔪᒪᔪᖅ ᐃᓚᐅᔪᓐᓇᓚᐅᖅᓯᒪᒻᒪᑦ ᐃᓚᐅᓯᓚᐅᖅᓯᒪᔪᖓ ᐊᒥᓱᒻᒪᕆᐅᑦᓱᑕ ᑐᑦᑐᓕᐊᓯᓚᐅᖅᓯᒪᔪᒍᑦ ᓯᓂᑦᑕᕆᐊᖅᓱᑕ. ᐃᓚᖓᑦ ᖃᒧᑕᐅᔭᐅᑉ ᓯᖁᒥᓚᐅᖅᓯᒪᒻᒪᑦ ᖁᖅᓱᖅᑕᐅᑦᓱᓂ ᖃᒧᑕᐅᔭᐸᐅᔮᓗᒃ. ᑖᓐᓇ ᖃᒧᑕᐅᔭᖅ ᐋᖅᑭᒻᒪᑦ ᐃᖏᖅᕋᓯᓯᓚᐅᖅᓯᒪᔪᒍᑦ ᓯᔾᔭᖅᓯᐅᕆᐊᖅᑲᓯᒐᑦᑕ. ᓄᖅᑲᑲᐃᓐᓇᓯᓚᐅᖅᓯᒪᔪᒍᑦ ᖃᓄᖅᑑᓯᑦᓱᑎᒃ ᐊᖑᑏᑦ. ᐊᓱᐃᓛᒃ ᑕᐃᓐᓇ ᖃᒧᑕᐅᔭᓕᐅᓚᐅᖅᓯᒪᔪᖅ ᓯᕗᓪᓕᖅᐸᐅᓯᓚᐅᖅᓯᒪᔪᖅ ᑖᑦᓱᒧᖓ ᓴᓇᖅᑲᐅᔭᒥᓄᑦ ᐃᖏᖅᕋᓯᑎᑦᓱᒍ ᐃᑭᑦᓱᓂ ᓱᒃᑳᓯᑦᓴᐅᑎᒋᑦᓱᓂᓗ ᓯᔾᔭᒃᑰᓚᖓᓯᒐᒥ. ᓱᓇᐅᕝᕙ ᖃᒧᑕᐅᔭᖅ ᐊᐳᕙᓱᖕᖔᖅᐸᑦ, ᑖᕙ ᐃᓄᐊ ᐱᑦᓯᑦᑐᖅ ᖁᒻᒧᑦ ᑕᐅᑐᒻᒪᕆᓕᖅᑐᒍᑦ ᐱᑦᓯᓐᓂᑯᖓᓄᑦ ᐸᐅᓈᓘᒻᒪᕆᒻᒪᑦ ᑕᓕᖕᒋᒃ ᐊᒻᒪᓗ ᓂᐅᖕᒋᒃ ᐃᓵᖓᑦᑕᕋᓗᐊ. ᖃᖓᑦᑕᑦᓵᑦᑕᕚᖅᑐᖅ ᓯᔾᔭᐅᑉ ᐅᖓᑖᓄᑦ. ᐱᑦᓰᖅᒪᑦ ᓯᔾᔭᐅᑉ ᐅᖓᑖᓄᑦ ᐅᓪᓚᑦᓯᔪᐃᓐᓈᓗᑦᑕᖁᒍᑦ

Iqalunnut ilinniariaqpatsuta gurik ilinniarvialungmut. Kinatuinnaq tuttuliaqataujumajuq ilaujunnalauqsimammat ilausilauqsimajunga amisummariutsuta tuttuliasilauqsimajugut sinittariaqsuta. Ilangat qamutaujaup siqumilauqsimammat quqsuqtautsuni qamutaujapaujaaluk. Taanna qamutaujaq aaqqimmat ingirrasisilauqsimajugut sijjaqsiuriaqasigatta. Nuqqakainnasilauqsimajugut qanuqtuusitsutik angutiit. Asuilaak tainna qamutaujaliulauqsimajuq sivulliqpausilauqsimajuq taatsumunga sanaqqaujaminut ingirrasititsugu ikitsuni sukkasaasitsautigitsunilu sijjakkuulangasigami. Sunauvva qamutaujaq apuvasungaaqpat, taava inua pitsittuq qummut tautummariliqtugut pitsinnikunganut paunaaluummarimmat talingik ammalu niungik isaangattaralua. Qangattatsaattavaaqtuq sijjaup ungataanut. Pitsigiirmat sijjaup ungataanut ullatsijuinnaaluuttaqqugut takuniasitsugu aanniaqtualummik taku-

ᑕᑯᓂᐊᓯᑦᓱᒍ ᐋᓐᓂᐊᖅᑐᐊᓗᒻᒥᒃ ᑕᑯᓚᖓᒋᐊᖅ ᓇᓗᔪᓐᓃᑦᓯᐊᖅᓱᑕ ᑲᑉᐱᐊᓱᐊᑦᓱᑕ. ᓱᓇᐅᕝᕙᐅᓇ ᐃᖏᓪᓗᐊᑦᓯᐊᑐᐃᓐᓇᖅᑐᒥᓂᖅ ᐃᒪᕐᒧᑦ ᐃᒃᑲᑦᑐᒧᑦ. ᐅᐸᒐᑦᑎᒍᑦ ᓱᙳᒋᓯᐊᖅᑐᖅ ᐋᓐᓂᕋᓂᓗ. ᐋᓐᓂᙱᑦᓚᑐᖅᑐᐊᓘᒻᒪᑦ ᖁᕕᐊᓯᓚᐅᖅᓯᒪᔪᒍᑦ ᖁᖓᑦᑐᐹᓘᓕᖅᓱᑕ ᑖᑦᓱᒧᖓ ᐱᑦᓯᕋᑖᖅᑐᒧᑦ. ᑕᒡᒐᓕ ᖃᒧᑕᐅᔭᓕᐅᖅᑲᐅᒐᒥ ᐊᒡᒐᖏᑦ ᐸᐅᕕᓂᐅᓗᐊᕐᒪᑕ ᓱᓕ, ᑮᓇᖓ ᖃᐅᓯᓕᕐᒪᑦ ᐊᓪᓚᕆᐊᕋᒥ ᑮᓇᕐᒥᓂᒃ ᐊᒡᒐᒥᓄᑦ ᑮᓇᖓ ᐸᐅᒥᑎᕙᓱᖕᖔᕐᒪᑦ. ᐋᔪᐊᓘᓕᓚᐅᖅᓯᒪᔪᒍᑦ ᐸᐅᒥᑎᕐᒪᑦ, ᐅᑯᖕᒐᒻᒪᕆᓕᖅᑐᒍᑦ ᐋᔪᐊᓘᓕᕋᑦᑕ. ᑖᓐᓇᓗ ᑕᐅᑐᙵᐊᓯᔮᓗᒋᑦᓱᒍ ᖃᖓᑕᔪᐊᓘᕋᑖᖅᑐᖅ ᐱᑦᓯᓗᐊᒧᑦ ᐃᓵᖓᔪᐊᓗᒻᒪᕆᒃ ᑖᕗᖓ ᓯᔾᔭᐅᑉ ᐅᖓᑖᓄᑦ. ᐃᔪᕐᓇᓗᐊᕐᓂᑯᖓᓄᑦ ᐅᑎᕆᐊᖁᓇᒻᒪᕆᓕᖅᓱᓂ. ᑕᐅᑐᙵᐊᖅᓱᒍ ᑭᓯᐊᓂᐅᑦᑕᓕᖅᐳᖅ ᐅᓪᓗᒥᐅᔪᖅ.

langagiaq nalujunniitsiaqsuta kappiasuatsuta. Sunauvvauna ingilluatsiatuinnaqtuminiq imarmut ikkattumut. Upagattigut sunngisiaqtuq aanniranilu. Aanninngillatuqtualuummat quviasilauqsimajugut qungattupaaluuliqsuta taatsumunga pitsirataaqtumut. Taggali qamutaujaliuqqaugami aggangit pauviniuluarmata suli, kiinanga qausilirmat allariarami kiinarminik aggaminut kiinanga paumitivasungaarmat. Aajualuulilauqsimajugut paumitirmat, ukungammariliqtugut aajualuuliratta. Taannalu tautunnguasijaalugitsugu qangatajualuurataaqtuq pitsiluamut isaangajualummarik taavunga sijjaup ungataanut. Ijurnaluarnikunganut utiriaqunammariliqsuni. Tautunnguaqsugu kisianiuttaliqpuq ullumiujuq.

ᒧᓯᓯ ᐊᐃᓂᐊᓕᒃ - ᑭᙵᐃᑦ

Mususi Ainialik – Kinngait

ᐊᖑᑎ ᐃᓇᑕᐅᔪᖅ ᑕᕝᕗᖓ ᓄᓯᕕᒻᒧᑦ ᐃᓇᑕᐅᓚᐅᖅᓯᒪᔪᖓ ᐃᒪᐃᓕᑦᓯᓂ, "ᒧᓯᓯ ᒪᓕᒋᐊᖃᕋᕕᑦ ᐃᓪᓗᕋᓛᓕᐅᖅᑎᓪᓗᑕ ᐃᑲᔪᕆᐊᖃᕋᕕᑦ." ᐊᓱᐃᓛᒃ ᑕᕝᕗᖓ ᓄᓯᕕᒻᒧᑦ ᑎᑭᒃᑲᑦᑕ ᐃᓪᓗᕋᓛᔅᓴᖅ ᓴᓇᓕᖅᑕᕗᑦ. ᑖᔅᓱᒧᖓ ᓴᓇᖃᑎᓐᓄᑦ ᐃᒪᐃᓕᔭᐅᓕᖅᑐᖓ, "ᒧᓯᓯ ᐅᔭᕋᑦᓯᐊᖅ ᖃᐃᓚᐅᕈᒃ." ᑐᑭᓯᖕᒋᓐᓇᒪ ᓱᓇᐅᒻᒪᖕᒑᑦ ᐅᔭᕋᑦᓯᐊᖅ ᐊᐱᕆᒋᐊᖓᓗ ᐃᓕᕋᓇᖅᓯᓂ ᐃᓄᒻᒪᕆᐅᒻᒪᑦ. ᐊᓱᐃᓛᒃ ᑖᒃᑯᐊ ᓴᓇᕐᕈᑎᑦ ᓇᐅᒃᑯᑦ ᐅᔭᕋᑦᓯᐊᖑᒻᒪᖕᒑᑕ ᕿᒥᕐᕈᑦᓯᒋᑦ ᑐᐊᕕᖅᓱᖓ ᑭᓯᐊᓂ ᐅᔭᕋᑦᓯᐊᖃᖕᒋᑦᑐᑦ. ᑐᑭᓯᔭᓐᓂᒃ ᒪᓕᓯᔪᖓ ᑖᒃᑯᐊ ᓴᓇᖅᑯᑎᑦ ᑐᓄᔅᓱᒋᑦ ᑐᐊᐸᔮᓄᑦ ᐅᔭᕋᓛᓄᑦ ᓵᖕᒑᖅᓱᖓ. ᐊᓱᐃᓛᒃ ᑖᒃᑯᐊ ᑐᐊᐸᔮᑦ ᐱᐅᓂᖅᐹᒥᒃ ᓂᕈᐊᕐᕕᒋᓕᖅᑲᒃᑲ ᑖᓐᓇᓗ ᐅᔭᖅ ᐊᒻᒪᓗᑭᑖᖑᒐᓚᑦᓯᓂ ᐅᖁᒪᐃᑦᑑᑦᓯᓂ, ᑖᓐᓇ ᐅᔭᖅ ᑐᓂᓕᖅᑕᕋ ᐃᒪᐃᓕᑦᓯᒍ, "ᐅᓈ?" ᐊᓱᐃᓛᒃ ᑖᓐᓇ ᐊᖑᑎ ᐃᓴᒻᒥᓕᖅᑐᖅ ᑕᑯᓴᓚᐅᕋᓂ. ᑖᓐᓇ ᐅᔭᖅ ᐅᖁᒪᐃᑦᑑᒻᒪᑦ ᑎᒍᒐᓗᐊᕈᓂᐅᒃ ᐊᒡᒐᖕᒥᑦ ᐋᓐᓂᑐᐃᓇᓚᖕᒐᒻᒪᑦ ᑕᑯᓴᖅᓯᐊᓇᓕᖅᑕᕋ. ᑕᑯᓴᓕᕋᒥ ᐃᒪᐃᓕᓯᒍᑦ, "ᑖ... ᑖᓐᓇ ᑕᒡᒐ ᐅᔭᕋᑦᓯᐊᖅ?" ᐊᐱᕆᒻᒪᖓ.

Anguti inataujuq Tavvunga nusivimmut inataulauqsimajunga imailitsuni, "musus maligiaqaravit illuralaaliuqtilluta ikajuriaqaravit." Asuilaak tavvunga nusivimmut tikikkatta illuralaassaq sanaliqtavut. Taassumunga sanaqatinnut imailijauliqtunga, "mususi ujaratsiaq qailauruk." Tukisinginnama sunaummangaat ujaratsiaq apirigiangalu iliranaqsuni inummariummat. Asuilaak taakkua sanarrutit naukkut ujaratsiangummangaata qimirrutsugit tuaviqsunga kisiani ujaratsiaqangittut. Tukisijannik malisijunga taakkua sanaqqutit tunussugit tuapajaanut ujaralaanut saangaaqsunga. Asuilaak taakkua tuapajaat piuniqpaamik niruarvigiliqqakka taannalu ujaraq ammalukitaangugalatsuni uqumaittuutsuni, taanna ujaraq tuniliqtara imailitsugu, "unaa?" Asuilaak taanna anguti isammiliqtuq takusalaurani. Taanna ujaraq

ᑭᐅᔭᕋ, “ᐄ. ᑕᑯᐊᐱᓕᕈᒃ ᐊᒻᒪᓗᑭᑖᒐᓛᐱᒻᒪᕆᒃ.” ᑖᓐᓇ ᐊᖑᑎ ᐃᒪᐃᓕᓯᒻᒥᔪᖅ, “ᐅᔭᕋᑦᓯᐊᕆᑦᑕᓕᕈᒃ.” ᐅᔭᕋᑦᓯᐊᕆᑦᑕᓕᕉᕇᕋᒥ ᐃᒪᐃᓕᓯᒻᒥᔪᖅ, “ᐅᔭᕋᑦᓯᐊᖅ ᐃᓛᒃ ᖃᐃᓚᐅᕈᒃ.” ᐊᓯᐃᓛᒃ ᑖᓐᓇ ᐅᔭᕋᖅ ᑖᓐᓇᐅᖏᒻᒪᑦ ᐃᒋᑦᓱᒍ ᑖᒃᑯᐊ ᓴᓇᕐᕈᑎᑦ ᐅᑎᕐᕕᒋᑦᓱᒋᑦ ᕿᒥᕐᕈᐊᓕᖅᑕᒃᑲ, ᑎᒍᖃᑦᑕᖅᓱᒋᑦ ᑖᓐᓇ ᐊᒻᒪᓗᑭᑖᓕᒃ ᓂᕈᐊᓕᖅᑕᕋ. ᑖᓐᓇ ᐊᖑᑎ ᑭᑭᐊᓕᔭᕐᒪᐅᓐᓃᑦ ᐅᓐᓃᑦ ᑕᒻᒪᕐᓗᖓ ᐅᓈᓚᓯᔭᕋ. ᑕᑯᓴᕋᒥ ᐃᒪᐃᓕᔪᖅ, “ᐄ... ᑖᓐᓇ ᑕᒡᒐ ᐅᔭᕋᑦᓯᐊᖅ.” ᓱᓇᐅᕝᕙᓕᐅᓇ ᑲᐅᑕᕐᒥᒃ ᑐᔅᓯᕋᖅᑐᖅ. ᑖᓐᓇ ᐊᖑᑎ ᐃᒪᐃᓕᓚᐅᖅᓯᒪᒻᒪᑦ, “ᐅᔭᕋᑦᓯᐊᕆᑦᑕᓕᕈᒃ.” ᑕᐃᒪ ᑖᓐᓇ ᐅᔭᕋᖅ ᐅᕙᑦᑎᓐᓃᑉᐳᖅ ᐱᖁᑎᒋᓕᖅᑕᕋ.

uqumaittuummat tigugaluaruniuk aggangit aannituinalangammata takusaqsiariliqtara. Takusalirami imailisivut, “taa... Taanna tagga ujaratsiaq?” Apirimmanga. Kiujara, “ii. Takuapiliruk ammalukitaagalaapimmarik.” Taanna anguti imailisimmijuq, “ujaratsiarittaliruk.” Ujaratsiarittaliruuriirami imailisimmijuq, “ujaratsiaq ilaak qailauruk.” Asuilaak taanna ujaraq taannaungimmat igitsugu taakkua sanarrutit utirvigitsugit qimirrualiqtakka, tiguqattaqsugit taanna ammalukitaalik nirualiqtara. Taanna anguti kikialijarmaunniit unniit tammarlunga unaalasijara. Takusarami imailijuq, “ii... Taanna tagga ujaratsiaq.” Sunauvvaliuna kautarmik tussiraqtuq. Taanna anguti imaililauqsimammat, “ujaratsiarittaliruk.” Taima taanna ujaraq uvattinniippuq piqutigiliqtara.

ᕼᐃᓚᕆ ᒪᒃᐸ - ᑲᖏᖅᖠᓂᖅ

Hilari Makpa – Kangiqłiniq

ᐊᑖᑕᒐ ᐅᑭᐊᒃᓵᒃᑯᑦ ᓯᑰᒃᑯᑦ ᐊᖏᖅᕋᐅᔪᖅ

ᐅᑭᐊᒃᓵᒃᑯᑦ 1996-ᖑᑎᓪᓗᒍ ᐃᒡᓗᓕᒑᖅᔪᖕᒥ, ᐊᑖᑕᒐ ᑕᐃᑉᓱᒪᓂ 60-ᓂᒃ ᐅᑭᐅᖅᑲᓕᓚᐅᖅᑐᖅ, ᐃᖅᑲᓪᓕᐊᓇᐊᖅᑐᖅ ᓯᑰᒃᑯᑦ ᐊᓯᖏᓐᓂᒃ ᓯᑰᖅᑲᑎᖅᑲᖅᖢᓂ ᐃᖅᑲᓪᓕᐊᖅᑕᐅᔪᓂᒃ.

ᐃᖅᑲᓪᓕᐊᖅᓯᒪᓚᐅᖅᖢᑎᒃ ᑖᖅᓯᓗᐊᓚᐅᖅᑳᖅᑎᓐᓇᒍ ᐊᖏᖅᕋᒧᑦ ᐸᖅᓇᓕᖅᖢᑎᒃ. ᐊᓄᕆᑐᔪᕈᓘᓕᖅᑎᓪᓗᒍ ᐊᖏᖅᕋᐅᒋᐊᓕᓚᐅᖅᑐᑦ. ᐊᑖᑕᒐ ᑭᖑᓪᓕᖅᐸᐅᑎᑉᓗᓂ. ᐃᖏᖅᕋᐅᔭᓕᖅᑐᖅ ᓯᑰᖅᑲᑎᒋᔭᖏᑦ ᓯᕗᓂᐊᓃᖅᖢᑎᒃ. ᐃᖏᖅᕋᔪᑐᖅᑲᐅᓚᐅᐱᓪᓚᒃᖢᑎᒃ ᕿᒪᒃᑎᓯᒪᓕᖅᖢᓂ ᓯᑰᖅᑲᑎᒋᖅᑲᐅᔭᖏᓐᓂᒃ. ᑕᓯᖅᒧᑦ ᑎᑭᖅᖢᓂ ᓯᑯᒧᐊᕋᒥ, ᐅᑭᐊᒃᓵᖑᖕᒪᑦ ᑕᓯᖅ ᓵᑦᑐᒥᒃ ᐊᑐᒐᒃᓴᐅᒐᓗᐊᖅᑐᒥᒃ ᓯᑯᓯᒪᓪᓗᓂ ᐊᐳᑎᖅᑲᙱᑦᑐᖅᑲᐅᖅᖢᓂ. ᐊᐳᑎᖅᑲᙱᓐᓂᖏᑦ ᐱᐊᒃᑐᐊᓘᑉᓗᑎᒃ. ᐊᓄᕆᑐᔪᕈᓘᖕᒪᑦ ᓲᖅᑲᐃᒻᒪ ᓇᑎᕈᕕᐊᒻᒫᖅᖢᓂ ᖃᓐᓂᐊᖅᑐᐊᓘᒻᒫᓕᖅᑎᓪᓗᒍ ᓯᑯᒧᐊᖅᑐᖅ.

Ataataga ukiaksaakkut sikituukkut angirraujuq

Ukiaksaakkut 1996-ngutillugu igluligaarjungmi, ataataga taipsumani 60-nik ukiuqalilauqtuq, iqalliariaqtuq sikituukkut asinginnik sikituuqatiqaqłuni iqalliaqataujunik.

Iqalliaqsimalauqłutik taaqsilualauqqaaqtinnagu angirramut parnaliqłutik. Anuritujuruluuliqtillugu angirraugialilauqtut. Ataataga kingulliqpautipluni. Ingirraujaliqtuq sikituuqatigijangit sivunianiiłłutik. Ingirrajutuqaulaupillakłutik qimaktisimaliqłuni sikituuqatigiqqaujanginnik. Tasirmut tikiłłuni sikumuarami, ukiaksaangungmat tasiq saattumik atugaksaugaluaqtumik sikusimalluni aputiqanngittuqauqłuni. Aputiqannginningit piaktualuuplutik. Anuritujuruluungmat suuqaimma natiruviammaaqłuni qanniaqtualuummaaliqtillugu

ᑕᓯᕐᒧᐊᕋᒥ ᐃᖏᕐᕋᖃᑎᒋᖅᑲᐅᔭᖏᑦ ᑕᐅᑐᓕᖅᖢᓂᒋᑦ ᐊᑭᐊᓂ ᓄᓇᒥ ᓄᖅᑲᖓᔪᑦ. ᐊᓱᐃᓛᒃ ᑕᐃᑯᖓ ᑎᑭᑦᑕᖅᑐᓕᖅᖢᓂᒋᑦ. ᐃᖏᕐᕋᔪᑐᖅᑲᕈᓘᔮᓕᕋᓗᐊᖅᖢᓂ ᑎᑭᑉᐸᓪᓕᐊᕌᓚᓴᙱᓗᐊᕋᒥᒋᑦ ᓇᑭᖅᓯᒋᐊᒃᑲᓐᓂᖅᖢᓂᐅᒃ ᓯᑭᑑᓂ. ᑕᐃᒪᐃᓛᒃ ᓇᑭᖅᓴᕐᓂᖅᓴᐅᑉᓗᓂ ᐃᖏᕐᕋᓕᕋᓗᐊᕋᒥ ᓇᐅᒃ ᓱᓕ ᑎᑭᑉᐸᓪᓕᐊᙱᓗᐊᕐᒪᒋᑦ ᓇᑭᖅᓯᒋᐊᒃᑲᓐᓂᒻᒪᕆᒃᖢᓂᐅᒃ ᓯᑭᑑᓂ. ᐃᖏᕐᕋᓚᐅᕋᓗᐊᕆᑉᓗᓂ ᓱᖁᓯᐊᙱᒻᒪᑦ ᓱᓕ ᐃᓱᒪᒥᒃ ᑎᑭᑕᐅᓕᖅᖢᓂ. ᐃᓱᒪᓕᕋᒥ ᐊᐅᓪᓛᕋᓗᐊᕐᒪᖔᕐᒥ, ᓯᑭᑑᖓ ᐃᖏᕐᕋᑏᓐᓇᖅᖢᓂᐅᒃ ᐃᑎᒑᑕ ᐱᖅᑲᑖ ᓯᑯᒧᑦ ᐊᒃᑐᖅᑎᖦᖢᓂᐅᒃ. ᓱᓇᐅᕝᕙᓕᐅᓇ ᓄᖅᑲᖔᑦᑎᐊᖅᑐᖅ, ᓇᑭᖅᓯᓯᒪᒐᓗᐊᕐᒪᒡᒎᖅ ᓯᑭᑑᓂ ᐃᖏᕐᕋᙱᑦᑐᕕᓂᖅ.

ᐊᐳᑎᖅᑲᙱᓐᓂᕐᒥ ᓯᑭᑑᖓ ᑐᕌᖓ ᑕᒡᕙᓂ ᐊᑕᐅᓯᕐᒥ ᑲᐃᕕᑐᐃᓐᓇᓕᖅᑐᕕᓂᐅᖕᒪᑦ ᐱᐊᓗᐊᕐᓂᑯᐊᓄᑦ ᓯᑯ. ᐊᓄᕆᒧᑦ ᓵᙵᒐᒥ ᐊᒡᒎᖅᖢᓂ, ᐊᓄᕆᑐᔪᕈᓘᖕᒪᓪᓗ ᓇᑎᕈᕕᐊᖅᑐᒪᓪᓗ ᖃᓐᓂᖅᑐᒪᓪᓗ ᐊᐅᓪᓛᕋᓱᒋᓚᐅᕋᓗᐊᖅᓯᒪᓐᓂᕐᒪᑦ. ᐊᑯᓂᕈᓗᒃ ᐊᑕᐅᓯᕐᒦᓐᓇᖅ ᓄᖅᑲᖓᓐᓂᖅᑎᓪᓗᒍ ᓯᑭᑑᖓ ᐃᖏᕐᕋᓇᓱᒋᓚᐅᖅᓯᒪᔪᖅ.

sikumuaqtuq.

Tasirmuarami ingirraqatigiqqaujangit tautuliqłunigit akiani nunami nuqqangajut. Asuilaak taikunga tikittaqtuliqłunigit. Ingirrajutuqaruluu jaaliraluaqłuni tikippalliaraalasanngiluaramigit nakiqsigiakkanniqłuniuk sikituuni. Taimailaak nakiqsarniqsaupluni ingirraliraluarami nauk suli tikippallianngiluarmagit nakiqsigiakkannimmarikłuniuk sikituuni. Ingirralauraluaripluni suqusianngimmat suli isumamik tikitauliqłuni. Isumalirami aullaaraluarmangaarmi, sikituunga ingirratiinnaqłuniuk itigaata piqataa sikumut aktuqtiłłuniuk. Sunauvvaliuna nuqqangaattiaqtuq, nakiqsisimagaluarmagguuq sikituuni ingirranngittuviniq.

Aputiqannginnirmi sikituunga turaanga tagvani atausirmi kaivituinnaliqtuviniungmat pialuarnikuanut siku. Anurimut saanngagami agguqłuni, anuritujuruluungmallu natiruviaqtumullu qanniqtumullu aullaarasugilauraluaqsimannirmat. Akuniruluk atausirmiinnaq nuqqanganniqtillugu sikituunga ingirranasugilauqsimajuq.

ᐃᒥᐅᓪᑕ ᐊᖑᑎᐊᓗᒃ − ᑎᑭᕋᕐᔪᐊᖅ

Imiulta Angutialuk - Tikirarjuaq

ᓄᓇᓕᐅᑉ ᐃᓗᐊᓂ ᓈᓚᐅᑎᐊᓛᖅᑖᕐᓂᖅ ᓯᕗᓪᓕᖅᐹᒥ

ᑕᐃᑦᓱᒪᓂ ᓱᓕ ᓴᓪᓕᕐᒥᐅᑕᐅᓪᓗᑕ 1978−ᖑᑎᓪᓗᒍ ᒪᒃᑯᒃᑐᐊᓛᖑᓪᓗᖓ ᓈᓚᐅᑎᐊᓛᖅᑖᓚᐅᖅᓯᒪᒻᒪᑕ.

ᐊᑖᑕᑦᓯᐊᖅᑲᓚᐅᕋᒪ ᐃᓕᕋᓇᕈᒪᐃᓐᓇᖅᑑᔮᖅᑐᒥᒃ ᑕᐃᒪᙵᓕᒫᖅ ᐳᑭᖅᑕᓕᓂᒡᓗ ᖃᑯᑎᒃᑯᑦ ᐱᓕᕆᖃᑎᖃᖃᑦᑕᖅᓱᓂ ᑎᑭᒃᑳᖓᑕ.

ᐊᑖᑕᑦᓯᐊᕋᓗ ᒪᕐᕈᐃᓐᓇᐅᓪᓗᓄᒃ ᐃᓚᕗᑦ ᐊᖏᕐᕋᖅᓯᒪᑎᓐᓇᒋᑦ ᓈᓚᐅᑎᑖᓵᕐᓂᑰᓪᓗᑕ ᓈᓚᐅᔮᖅᑐᒍᒃ ᓴᓪᓕᕐᕙᓗᖕᒥᒃ. ᐱᖅᑲᑎᒐ ᐊᐱᕆᖕᒪᑦ ᐅᕙᓐᓄᑦ ᐊᒻᒪᐃᒍᔾᔭᐅᔪᒪᓪᓗᓂ ᓴᓪᓕᕐᕙᓗᒻᒧᑦ ᐊᒻᒪᐃᔾᔪᑎᓕᓚᐅᖅᓯᒪᒐᒃᑯ ᐅᖃᓘᑎᒃᑯᑦ.

ᐊᒻᒪᕐᒪᑦ ᓴᓪᓕᕐᕙᓗᓕᕆᔨᒧᑦ ᐅᖃᖅᓱᓂ ᓈᓚᐅᑎᒃᑰᕈᒪᓂᕋᖅᓱᓂ. ᑭᐅᔭᐅᒐᒥᖃᐃ ᐊᑐᐃᓐᓇᐅᓕᕐᓂᕋᖅᑕᐅᓪᓗᓂ ᓂᓪᓕᖏᑦᓯᐊᖅᓱᓂ ᑖᓐᓇ ᐅᖃᓘᑦ ᐃᓕᐊᓪᓚᒃᓱᓂᐅᒃ ᐃᓂᖓᓄᑦ ᖃᕆᐊᕐᒥᓄᑦ ᐅᑯᓪᓗᓂ ᐅᖅᑲᓪᓚᓕᓚᐅᖅᓯᒪᒻᒪᑦ. ᒪᓕᑦᓯᒪᒐᒃᑯ

Nunaliup iluani naalautialaaqtaarniq sivulliqpaami

Taitsumani suli sallirmiutaulluta 1978–ngutillugu makkuktualaangullunga naalautialaaqtaalauqsimammata.

Ataatatsiaqalaurama iliranarumainnaqtuujaaqtumik taimanngalimaaq pukiqtaliniglu qakutikkut piliriqatiqaqattaqsuni tikikkaangata.

Ataatatsiaralu marruinnaullunuk ilavut angirraqsimatinnagit naalautitaasaarnikuulluta naalaujaqtuguk sallirvalungmik. Piqatiga apiringmat uvannut ammaigujjaujumalluni sallirvalummut ammaijjutililauqsimagakku uqaluutikkut.

Ammarmat sallirvalulirijimut uqaqsuni naalautikkuurumaniraqsuni. Kiujaugamiqai atuinnaulirniraqtaulluni nillingitsiaqsuni taanna uqaluut iliallaksuniuk ininganut qariarminut

ᖃᕆᐊᙵᓄᑦ ᓱᒻᒪᖕᒑᑦ ᐃᓱᒪᒋᓪᓗᒍ. ᑖᓐᓇ ᓈᓚᐅᑎᓄᑦ ᐅᖃᓪᓚᓯᒪᔪᐊᓗᒃ ᐅᖃᓘᓯᔮᙱᑦᑐᖅ ᐱᖓᓱᓕᕈᓗᖕᓂᒃ ᐅᖃᐅᓯᖃᖅᓱᓂ ᐋᓐᓂᖅᑐᖅᑐᐃᓐᓇᕆᐊᖃᓕᕐᒪᒡᒎᖅ ᓱᒃᑳᔮᖃᑦᑕᐃᓐᓇᖅᐸᑕ.

ᐅᖃᐅᑎᒐᓱᖃᑦᑕᕋᓗᐊᕋᒃᑯ ᓈᓚᐅᑎᒃᑰᖕᒋᓐᓂᕋᖅᓱᒍ ᐅᕙᓐᓂᒃ ᓱᓇᖁᑎᖃᙱᑦᓱᓂ. ᐊᑖᑦᓯᐊᖅ ᓈᓚᐅᑎᒃᑰᖕᒋᑦᑑᑏᖅᑲᑦᑕᕋᓗᐊᕋᒃᑯ ᐊᒡᒐᒥᓄᑦ ᐃᓂᖅᑎᖅᑲᑦᑕᖅᓱᓂᖓ ᓄᓗᕋᖅᓱᓂ. ᑕᐃᒪᓕ ᓴᓪᓕᕐᕙᓗᓕᕆᔨ ᐅᖅᑲᕐᕙᓗᖅᑲᑦᑕᓕᕐᒪᑦ ᓇᐅᒎᖅ ᐃᓐᓇ ᓈᓚᐅᑎᒃᑰᕈᒪᖅᑲᐅᔪᖅ, ᐊᑖᑦᓯᐊᕋ ᐅᕙᓐᓄᑦ ᓵᓕᑕᐃᓐᓇᖅᓱᓂ ᐊᐱᕆᓪᓗᓂ, “ᓈᓚᐅᑎᒃᑰᙱᓪᓚᖔ?”

ᐃᒡᓚᖅᑕᐃᓕᑦᓯᐊᖅᓱᖓ ᐃᓕᕋᓇᕐᒪᑦ ᐃᓕᕋᓇᕈᒪᒃᑲᐅᒻᒪᓪᓗ ᑭᐅᓪᓗᒍ, “ᐅᖃᓘᑎᒃᑯᑦ ᑭᓯᐊᓂ ᐅᖃᓪᓚᒡᓗᑎᒃ ᑐᓴᖅᓴᐅᔪᓐᓇᖅᑐᑎᑦ.” ᐊᒻᒪᐃᔾᔪᔾᔭᐅᒃᑲᓐᓂᕈᒪᒻᒪᑦ ᐊᒻᒪᐃᑎᒃᑲᓐᓂᖅᓱᒍ. ᐅᖃᓪᓚᓕᑐᐊᕐᒪᑦ ᐊᑭᓯᕐᒥᒃ ᑎᒍᓯᓪᓗᖓ ᐃᒃᓯᕙᐅᑖᓗᖕᒥᑦ ᐊᓇᕐᕕᖕᒧᑦ ᑲᔪᓯᓪᓗᖓ ᐃᒡᓚᓕᓚᐅᖅᓯᒪᔪᖓ ᐊᑭᓯᕐᒧᑦ ᓯᒥᑦᓱᒍ ᑮᓇᕋ.

tuaviqsilluni ullajuagalaksuni naalautinut ukulluni uqallalilauqsimammat. Malitsimagakku qarianganut summangaat isumagillugu. Taanna naalautinut uqallasimajualuk uqaluusijanngittuq pingasulirulungnik uqausiqaqsuni aanniqtuqatuinnariaqalirmagguuq sukkajaaqattainnaqpata.

Uqautigasuqattaraluarakku naalautikkuunginniraqsugu uvannik sunaqutiqanngitsuni. Ataatatsiaq naalautikkuungittuutiiqattaraluarakku aggaminut iniqtiqattaqsuninga nuluraqsuni. Taimali sallirvaluliriji uqarvaluqattalirmat nauguuq inna naalautikkuurumaqqaujuq, ataatatsiara uvannut saalitainnaqsuni apirilluni, “naalautikkuunngillangaa?”

Iglaqtailitsiaqsunga iliranarmat iliranarumakkaummallu kiullugu, “uqaluutikkut kisiani uqallaglutik tusaqsaujunnaqtutit.” Ammaijjujjaukkannirumammat ammaitikkanniqsugu. Uqallalituarmat akisirmik tigusillunga iksivautaalungmit anarvingmut kajusillunga iglalilauqsimajunga akisirmut simitsugu kiinara.

ᐋᓂ ᐊᐅᓪᓚᓗᒃ - ᐊᐅᓱᐃᑦᑐᖅ

AANI AULLALUK – AUSUITTUQ

ᐅᒥᖕᒪᒋᐅᓚᐅᖅᓯᒪᕗᖓ

ᐊᐃᑉᐸᕋᓗ ᐅᒥᖕᒥᐊᖅᓱᓄᒃ ᐅᒥᒻᒪᓚᐅᖅᓯᒪᔪᒍᒃ ᐊᑐᓂ. ᑭᓯᐊᓂ ᒪᕐᕈᐃᓐᓈᓐᓂᒃ ᐅᒥᒻᒫᓐᓂᒃ ᑕᑯᓚᐅᖅᓯᒪᕗᒍᒃ. ᑕᕝᕙᓂ ᓄᓇᑐᐃᓐᓇᕐᒥ ᓲᖃᐃᒻᒪ ᐅᑭᐅᖑᖕᒪᑦ ᐊᓐᓄᕌᖅᓯᒪᒐᓐᓄᒃ ᓇᓄᕐᓂᒃ ᖃᕐᓕᒃᓯᒪᓪᓗᓄᒃ ᑕᒫᓂ ᓇᓄᕋᓂᒃ ᐊᓐᓄᕌᖅᓯᒪᓲᖑᒐᑦᑕ.

ᐅᒥᖕᒪᒌᕋᓐᓄᒃ ᐅᒥᖕᒫᕋᖅᑕᖅᑲᓚᐅᖅᓯᒪᕗᖅ ᐊᓈᓇᖓᑕ ᑐᓄᐊᓃᑦᑐᕕᓂᕐᒥᒃ ᐊᓈᓇᖓᓂᒃ ᒥᑭᓐᓂᖅᓴᑐᐃᓐᓇᕐᒥᒃ ᐊᒻᒪᓗ ᓇᒡᔪᖅᑲᓚᐅᖅᓯᒪᖕᖏᑦᑐᖅ ᓲᖃᐃᒻᒪ ᐅᒥᖕᒫᕋᐅᒐᒥ. ᑕᐃᒪᓕ ᐊᐃᑉᐸᕋ ᐱᓕᓚᐅᖅᓯᒪᕗᖅ ᐅᒥᖕᒪᖅᑲᐅᔭᑦᑎᓐᓂᒃ ᐊᑐᓂ ᐱᔮᕇᕋᓐᓄᒃ ᖃᒧᑏᓐᓄᐊᖅᑲᐃᓕᓚᐅᖅᓯᒪᕗᒍᒃ ᓂᖅᑭᖕᖏᓐᓂᒃ ᐊᒥᖕᖏᓐᓂᒡᓗ.

ᑭᓯᐊᓂ ᐅᒥᒪᑯᓗᒃ ᑕᕝᕙᓂ ᐅᒥᖕᒪᕝᕕᒋᖅᑲᐅᔭᑦᑎᓐᓂ ᓅᒍᓐᓇᓚᐅᖅᓯᒪᙱᑦᑐᖅ ᓲᖃᐃᒻᒪ ᐊᓈᓇᒥᓃᑦᑐᕆᒐᒥ ᓱᓕ ᑖᒃᑯᐊ ᐊᒥᖕᒋᑦ ᐅᒥᖕᒪᐅᑉ ᖃᒧᑏᖕᓃᓕᖃᓗᐊᖅᑎᑦᓗᑎᑦ. ᐃᒻᒪᖄ 15 ᕖᑦ

Umingmagiulauqsimavunga

Aipparalu umingmiaqsunuk umimmalauqsimajuguk atuni. Kisiani marruinnaannik umimmaannik takulauqsimavuguk. Tavvani nunatuinnarmi suuqaimma ukiungungmat annuraaqsimagannuk nanurnik qarliksimallunuk tamaani nanuranik annuraaqsimasuungugatta.

Umingmagiirannuk umingmaaraqtaqalauqsimavuq anaanangata tunuaniittuvinirmik anaananganik mikinniqsatuinnarmik ammalu nagjuqalauqsimangittuq suuqaimma umingmaaraugami. Taimali aippara pililauqsimavuq umingmaqqaujattinnik atuni pijariirannuk qamutiinnuaqqaililauqsimavuguk niqinginnik aminginniglu.

Kisiani umimakuluk tavvani umingmavvigiqqaujattinni nuugunnalauqsimanngittuq suuqaimma anaanaminiitturigami suli taakkua amingit

ᐅᖕᒐᓯᖕᓂᖃᓚᐅᖅᓯᒪᔪᖅ ᐅᕙᑦᑎᓐᓂᑦ.

ᐱᔭᕇᓕᕋᓗᐊᖅᓱᓄᒃ ᐊᐃᑉᐸᕋ ᖃᐃᑦᑎᓕᓕᓚᐅᖅᓯᒪᔪᖅ ᓴᕖᖕᓂᒃ ᐊᒻᒪᓗ ᐃᐱᒃᓴᐅᑎᒥᒃ ᑕᐃᑯᖕᒐ ᖃᒧᑕᐅᔭᒧᐊᖁᓪᓗᓂᒋᑦ ᓯᑭᑑᒥᓄᑦ ᑖᒃᑯᐊ ᖃᐃᑕᖕᒋᑦ ᓴᕕᒃᑯᑦ ᐃᐱᒃᓴᐅᑎᒃᑯᑦ. ᑕᕝᕗᙵᐅᑎᓕᕋᓗᐊᖅᓱᒋᑦ ᓂᐱᐊᓗᖕᒥᒃ ᑐᓴᓕᕆᕗᖓ, ᑐᓄᒧᑦ ᕿᕕᐊᕋᒪ ᐊᐃᑉᐸᕋ ᓇᐅᖕᒋᓐᓇ.

ᐃᒻᒪᖄ 5-6 ᕖᑦ ᐱᖑᔭᐅᓐᓂᖅᓱᓂ ᓲᖃᐃᒻᒪ ᓇᓄᕌᓐᓂᒃ ᖃᕐᓕᒃᓯᒪᒐᒥ ᐅᑯᖕᒑᔭᕋᒥ ᐅᓯᓕᖅᓱᕋᒥ ᐅᑯᖕᒐᓪᓗᓂ ᐅᒥᖕᒪᖕᒧᑦ ᓇᓅᔪᕆᔭᐅᑦᓴᕐᓂᕋᒥᓗᑭᐊᖅ ᐅᒥᒻᒪᕈᓗᒻᒧᑦ ᑖᕗᖕᒐᑲᓪᓚᕈᓗᒃ ᐱᖑᔭᐅᓐᓂᖅᓱᓂ.

ᐅᐸᓕᖅᓱᒍ ᐋᓐᓂᖕᒋᒃᑲᓗᐊᕐᒪᖕᒑᑦ ᐊᐱᕆᒐᒃᑯ ᐋᓐᓂᒐᓛᓐᓂᕋᖅᓱᓂ ᓴᓂᕋᒥᒍᑦ ᖃᓄᐃᙱᒃᑲᓗᐊᖅᓱᓂ. ᐱᓕᕆᓕᕋᓗᐊᕐᒥᑦᓱᖓ ᓂᐱᖅᑯᖅᑐᔪᒥᒃ ᑐᓴᓕᕆᕗᖓ.

ᐊᐃᑉᐸᕋᐃᓐᓇ ᑖᔅᓱᒥᖓ ᐅᒥᖕᒪᕈᓗᖕᒥᒃ ᐱᖑᓯᖅᑲᐅᔪᒥᒃ ᐊᒃᓱᐊᓗᒃ ᓱᐊᖕᒐᕙᓪᓚᐃᓕᖅᑐᖅ ᑐᑭᓯᐊᙱᑦᑐᕈᓗᒻᒥᒃ. ᐊᒃᓱᐊᓗᒃ ᐅᖃᐅᔾᔪᐃᕙᓪᓚᐃᓪᓕᕐᒥᔪᖅ ᐃᒪᓐᓇ, “ᑕᑯᒋᑦ ᖁᑭᐅᑎᒥᒃ ᑎᒍᒥᐊᖅᑐᖓ, ᑕᐃᒪᐃᓕᐅᒃᑳᓂᑐᐊᕐᒥᒍᕕᖓ ᖁᑭᓚᖕᒐᔭᒋᑦ!”

ᓂᐱᖃᙱᑦᑐᑲᓪᓚᐅᓚᐅᖅᓯᒪᕗᖓ ᐃᒡᓚᕈᒪᒐᓗᐊᖅᓱᖓ ᐃᓗᒃᑯᑦ ᐋᓐᓂᐊᑐᐃᓐᓇᓕᓚᐅᖅᓯᒪᔪᖅ ᐃᒡᓚᕈᒪᒐᓗᐊᖅᓱᖓ ᐃᒡᓚᕈᓐᓇᙱᓐᓇᒪ ᐃᓕᖅᑯᓯᒍᑦ. ᐃᖕᒋᖅᑯᓯᒐᓗᐊᖅᑲᓄᒃ ᐅᒥᒻᒪᕈᓗᒃ ᓯᑕ ᓂᕕᐅᖅᑲᒥ ᐊᐆᓇᒥ ᐊᒥᖕᒐᓂᒃ

umingmaup qamutiingniiliraluaqtillugit. Immaqaa 15 viit ungasingniqalauqsimajuq uvattinnit.

Pijariiliraluaqsunuk aippara qaittililauqsimajuq saviingnik ammalu ipiksautimik taikunga qamutaujamuaqullunigit sikituuminut taakkua qaitangit savikkut ipiksautikkut. Tavvunngautiliraluaqsugit nipialungmik tusalirivunga, tunumut qiviarama aippara naunginna.

Immaqaa 5-6 viit pingujaunniqsuni suuqaimma nanuraannik qarliksimagami ukungajaarami usiliqsurami ukungalluni umingmangmut nanuujurijautsarniramilukiaq umimmarulummut taavungakallaruluk pingujaunniqsuni.

Upaliqsugu aanningikkaluarmangaat apirigakku aannigalaanniraqsuni saniramigut qanuinngikkaluaqsuni. Piliriliraluarmitsunga nipiqquqtujumik tusalirivunga.

Aipparainna taassuminga umingmarulungmik pingusiqqaujumik aksualuk suangavallailiqtuq tukisianngitturulummik. Aksualuk uqaujjuivallailirmijuq imanna, “takugit qukiutimik tigumiaqtunga, taimailiukkannituarmiguvinga qukilangajagit!”

Nipiqanngittukallaulauqsimavunga iglarumagaluaqsunga ilukkut aanniatuinnalilauqsima-

ᒪᓕᔅᓴᕋᓱᓕᓚᐅᖅᓯᒪᔪᖅ. ᐅᑕᖅᑭᒐᓗᐊᖅᓱᓄᒃ ᐊᓚᒃᑲᖕᒌᓐᓇᖅᓱᓂ ᐅᐊᑦᑎᐊᕈᖕᖑᕐᒪᑦ ᐃᒡᓚᑐᐃᓐᓇᓕᓚᐅᖅᓯᒪᕗᒍᒃ ᐊᐃᑉᐸᕋᓗ. ᒫᓐᓇᒧᓪᓗ ᓱᓕ ᐃᖅᑲᕌᖕᒐᒃᑯ ᐃᒡᓚᖅᐸᒃᑐᖕᒐ.

junga iglarumagaluaqsunga iglarunnanginnama ilirasumut. Ingirrasigaluarannuk umimmaruluk suli niviurami anaanami aminganik malissarasulilauqsimajuq. Utaqqigaluaqsunuk alakkanngiinnaqsuni uattiarunngurmat iglatuinnalilauqsimavuguk aipparalu. Maannamullu suli iqqaraangakku iglaqpaktunga.

ᐄᕙ ᓄᑲᑉᐱᐊᖅ - ᑲᖏᖅᖠᓂᖅ

Iiva Nukappiaq – Kangiqłiniq

ᖃᓄᕐᓕᑭᐊᖅ ᐸᐅᖏᕐᓂᐊᓕᖅᐸ?

ᐊᐅᔭᒃᑯᑦ ᐅᑭᐊᒃᓴᓂᐊᓕᖅᑎᓪᓗᒍ ᑐᐱᖅᓯᒪᖃᑦᑕᖅᑎᓪᓗᑕ ᐃᑎᕕᐊᓂ ᐃᖃᓗᓕᐊᓛᖅ ᓯᑯᓕᖅᑎᓪᓗᒍ. ᐅᐃᒐ ᐊᐱᕆᕙᕋ, "ᓯᑯᑦᑕᕋᔭᕋᒻᓄᒃ." ᑭᐅᕚᖓ, "ᐄ, ᐊᑏ ᐸᕐᓇᓕᕐᓗᒃ ᓴᖑᓂᐊᖏᓐᓇᕆᐊᓕᕋᕕᑦ." "ᓇᒧᑦ?" ᐊᐱᕆᕙᕋ. "ᐃᖃᓗᒑᕐᔪᓐᓄᑦ." ᐃᕐᓂᕋ ᐊᒪᖅᖢᒍ ᖃᑦᑕᐃᓪᓗ ᐅᒃᑯᓰᓪᓗ ᐊᑐᐃᓐᓇᕈᖅᖢᒋᑦ. "ᐅᒃᑯᓯᒃ ᐊᖏᓂᖅᓴᖅ ᕼᐊᓐᑕᒐᓄᑦ ᐅᓯᓕᕐᓂᐊᖅᐳᖅ, ᒥᑭᓐᓂᖅᓴᐃᑦ ᐅᓯᖔᕐᓂᐊᖅᐸᑎᑦ." ᐅᐃᒐ ᐅᖃᖅᐳᖅ. ᓇᖅᑭᖦᖢᒋᑦ ᐅᒃᑯᓰᑦ ᐊᒻᒪ ᖃᑦᑕᐃᑦ ᕼᐊᓐᑕᒧᑦ.

ᐅᖅᑰᕋᓘᖕᒪᑦ ᓯᓚᑦᓯᐊᕙᐅᓪᓗᓂ ᐅᖅᑰᒃᑳᓘᓪᓗᓂᓗ ᐅᐃᒐ ᐱᖕᒪᑦ ᐊᐃᖕᒋᑦᑐᒥᒃ ᐊᑎᒋᒥᒃ ᐊᑐᖅᖢᓂ ᐊᐅᓪᓚᓕᖅᐳᒍᑦ. ᐊᖅᑯᑎᒃᑯᑦ ᐅᐃᒐᓂᒃ ᒪᓕᓕᖅᐳᖓ ᑕᒃᐸᐅᙵᐅᕋᐅᔭᓕᖅᖢᑕ ᐃᖃᓗᒑᕐᔪᖕᓄᑦ. ᐅᔾᔨᕈᓱᓕᖅᐳᖓᓕ ᐃᓱᒪᓕᖅᐳᖓ, "ᐊᐃᓐᓈ, ᐸᐅᖅᑭᓂᐊᓕᖅᐳᖅ." ᑎᑉᓯᒍᓱᓕᖅᖢᖓ ᒪᓕᐅᔭᑐᐃᓐᓇᖅᐸᕋ ᐅᔾᔨᕆᓕᖅᖢᒍᓗ ᐊᑎᒋᖓ ᒪᒃᐱᖃᑦᑕᕐᒪᑦ ᐅᕕᓂᖓᓗ ᑕᑯᒃᓴᕈᖃᑦᑕᖅᖢᓂ ᒪᓂᕋᐅᖏᑦᑐᒃᑰᓕᕌᖓᑦᑕ. ᑕᒃᐸᐅᙵᐅᒐᑦᑕ ᑎᑉᓯᒍᓱᐃᓐᓇᖅᖢᖓ ᖃᐅᔨᓴᐃᓐᓇᖅᖢᒍ

Qanurlikiaq paungirnialiqpa?

Aujakkut ukiaksanialiqtillugu tupiqsimaqattaqtilluta itiviani iqalulialaaq sikuliqtillugu. Uiga apirivara, "sikuttarajaramnuk." Kiuvaanga, "ii, atii parnalirluk sanguniangginnarialiravit." "namut?" Apirivara. "iqalugaarjunnut." Irnira amaqługu qattaillu ukkusiillu atuinnaruqługit. "ukkusik anginiqsaq Hantaganut usilirniaqpuq, mikinniqsait usingaarniaqpatit." Uiga uqaqpuq. Naqiłługit ukkusiit amma qattait Hantamut.

Uqquuraaluungmat silatsiavaulluni uqquukkaaluullunilu uiga pingmat aingittumik atigimik atuqłuni aullaliqpugut. Aqqutikkut uiganik maliliqpunga takpaunngauraujaliqłuta iqalugaarjungnut. Ujjirusuliqpungali isumaliqpunga, "ainnaa, pauqinialiqpuq." Tipsigusuliqłunga maliujatuinnaqpara ujjiriliqługulu atiginga makpiqattarmat uviningalu takuksaruqattaqłuni maniraungittukkuuliraangatta. Takpaunngaugatta tipsigusuinnaqłunga qaujisainnaqługu

ᖃᐅᔨᔭᐅᒍᒪ ᓱᑰᖅᑕᐅᓂᐊᕐᒥᒐᒪ. ᐅᐃᒐ ᐅᖃᓕᖅᐳᖅ, "ᐱᓂᐊᖅᐸᕋᐅᓇ ᓴᙱᕠᓗᐊᖅᑐᑯᓘᒐᕕᑦ." ᓯᑯᑦ ᖃᑦᑕᕐᒧᑦ ᐃᓕᕙᓪᓕᐊᓪᓗᒋᑦ, ᐱᐊᓂᒃᑲᑦᑕ ᐊᖏᕐᕋᒧᑦ ᐊᐅᓪᓚᓕᕆᕗᒍᑦ, ᐃᒡᓚᐃᓐᓇᖅᖢᖓ. ᐊᒻᒪᓱᓕ ᐸᐅᕈᒃᑲᓐᓂᖅᖢᓂ ᐃᖏᕐᕋᑎᓪᓗᒍ. ᑐᐱᕐᒧᐊᕋᑦᑕ ᓂᓚᐃᑦ ᖃᑦᑕᐅᑉ ᐊᓯᐊᓄᐊᖅᖢᒋᑦ.

ᐅᐃᒐ ᐅᖃᐅᑎᓕᖅᐸᕋ, "ᐅᕕᓂᖕᓂᐊᕆᐊᖅᑐᕋᔭᕋᕕᑦ." ᖁᕕᐊᓱᓗᐊᖏᖦᖢᓂ ᐊᐱᕆᕗᖅ, "ᓲᖅᑕᐅᖅ?" ᒪᓂᒍᑎᕈᔪᒃᖢᖓ ᑭᐅᕙᕋ, "ᐃᓛᒃ ᑐᓄᐃᑦ ᐸᐅᖏᓐᓇᕈᖅᑐᐊᓘᖕᒪᑦ." ᑭᐅᓕᖅᐳᕐᓕ, "ᖃᓄᖅ?" ᑭᐅᕙᕋ, "ᐃᓛᒃ ᖃᑦᑕᖅ ᐆᖏᓐᓈᓘᖕᒪᑦ ᐊᑏ ᐃᑎᕆᑦ ᐊᑎᒌᑦ ᐲᕐᓗᒍ ᐲᕆᐊᓂᐊᖅᐸᕋ." ᐃᑎᕋᑦᑕ ᐃᒪᕐᒥᒃ ᐆᓇᖅᓯᑦᑏᖅᑳᖅᖢᖓ ᓂᕐᕆᑎᓄᑦ ᐃᕐᒥᐅᒻᒥᒃ ᐊᑐᖅᖢᖓ ᐲᕐᓂᖅ ᐊᔪᖅᖢᓂ. ᐊᒻᒪ ᓇᑎᕐᒧᑦ ᐃᕐᒥᐅᒻᒧᑦ ᐊᑐᓕᕆᕗᖓ. ᐊᒻᒪ ᓇᐅᖏᓛᒃ. ᐆᒃᑐᓕᕆᕗᖓ ᕿᑦᓱᑲᐅᑦ ᐃᕐᒥᒃᖢᓂ ᐅᖃᖅᐸᓪᓕᐊᓪᓗᓂ, "ᐊ'ᐋ, ᐊ'ᐋ." ᑕᕝᕙᓕ ᑎᔅᓯᒍᓱᓕᖅᐸᓪᓕᐊᕗᖓ. ᐊᒻᒪ ᓇᐅᖏᓛᒃ ᐲᖏᒻᒥᖕᒪᑦ ᐆᒃᑐᓕᕆᕙᕋ ᐃᒐᓛᕐᒧᑦ ᐃᕐᒥᐅᑦ ᑎᖕᒥᑳᕐᕕᒋᑲᒃᑯ ᐅᖃᓕᕆᕗᖅ, "ᐃᒃᑮ, ᑕᐃᒪ ᑭᓱᒥᒃ ᐊᑐᓕᕆᕕᑦ?" ᑭᐅᓕᖅᐸᕋ, "ᐃᒐᓛᕐᒧᑦ ᐃᕐᒥᐅᒻᒥᒃ." ᐅᐊᑲᓪᓛ, ᓇᐅᖏᓛᒃ! ᐊᒻᒪ ᓴᕕᐅᔭᕐᒧᑦ ᐆᒃᑐᓕᕆᕙᕋ ᐋᓐᓂᖅᑕᐃᓐᓇᖅᖢᓂ ᓴᓗᒻᒪᕋᓱᒃᑕᕋ. ᓂᐸᐃᖦᖢᖓ ᐃᓚᖅᖢᖓ ᐊᒻᒪ ᕿᐊᓪᓗᖓᓗ ᐃᕐᒥᒐᓱᐃᓐᓇᖅᑕᕋ. ᓇᐅᖏᓛᒃ! ᓇᓂᓯᖕᒥᒐᒪ "vimoxy" ᐅᕕᓂᖕᓂᐊᕐᕕᖕᒧᑦ ᐃᕐᒥᓂᐅᑦ ᐆᒃᑐᓕᕆᕗᖓ ᐃᒐᓚᖅᖢᖓᓗ ᕿᐊᓪᓗᖓᓗ ᓇᐅᖕᒎᖕᒪᑦ. ᓂᙳᒃᐸᓪᓕᐊᓕᖅᑐᓂ ᐅᐃᒐ ᐅᖃᐱᓗᒃᑐᐋᓪᓗᓂ ᐅᖃᖅᐳᖅ, "ᐃᕝᕕᑦ ᐃᓛᒃ ᐃᒐᔪᒪᒃᑲᓗᐊᕕᑦ, ᑖᓇᑐᐊᑦᑎᐊᖅ ᐱᔪᒪᔭᑐᐊᑦᑎᐊᑦ, ᖁᕕᐊᓱᒍᑎᑐᐊᑦ ᐃᓗᑎᑦ!" ᐃᒡᓚᐃᓐᓇᖅᖢᖓ

uiga. Taikaniiliqłuta tuuriakautigillunga tipsigusuktunga qaujijaujumangiłłunga qaujijauguma sukuuqtauniarmigama. Uiga uqaliqpuq, "piniaqparauna sanngiiluaqtukuluugavit." Sikut qattarmut ilivalliallugit, pianikkatta angirramut aullalirivugut, iglainnaqłunga. Ammasuli paurukkanniqłuni ingirratillugu. Tupirmuaratta nilait qattaup asianuaqługit.

Uiga uqautiliqpara, "uviningniariaqturajaravit." Quviasuluangiłłuni apirivuq, "suuqtauq?" Manigutirujukłunga kiuvara, "ilaak tunuit paunginnaruqtualuungmat." Kiuliqpurli, "qanuq?" Kiuvara, "ilaak qattaq uunginnaaluungmat atii itirit atigiit piirlugu piirianiaqpara." Itiratta imarmik uunaqsittiiqqaaqłunga nirritinut irmiummik atuqłunga piirniq ajuqłuni. Amma natirmut irmiummut atulirivunga. Amma naungilaak. Uuktulirivunga qitsukaut irmikłuni uqaqpallialluni, "a'aa, a'aa." Tavvali tissigusuliqpalliavunga. Amma naungilaak piingimmingmat uuktulirivara igalaarmut irmiut tingmikaarvigikakku uqalirivuq, "ikkii, taima kisumik atulirivit?" Kiuliqpara, "igalaarmut irmiummik." Uakallangaa, naungilaak! Amma saviujarmut uuktulirivara aanniqtainnaqłuni salummarasuktara. Nipaiłłunga iglaqłunga amma qiallungalu irmigasuinnaqtara. Naungilaak! Nanisingmigama "vimoxy" uviningniarvingmut irminiut uuktulirivunga igalaqłungalu qiallungalu

ᐃᕆᐊᓛᖅᑕᐅᑉᓗᖓ ᐊᔪᐃᓐᓇᕐᒪᑦ ᐊᐃᒥᐊᓕᖅᖢᑕ.
ᐅᕕᓂᖕᓂᐊᓕᕐᒪᑦ ᐃᑲᔪᖅᖢᒍ ᐊᓪᓚᖅᑎᕋᓱᒃᖢᒍ
ᐊᑯᓂᐊᓗᒃ. ᐊᑯᓂ ᐃᒫᓃᓕᕐᒪᑦ ᑭᓯᐊᓂ ᐲᖅᑐᖅ.
ᖁᕕᐊᒋᔭᐅᓗᐊᖕᒋᖦᖢᖓ ᐅᖃᐅᑎᓕᖅᐹᖓ,
“ᐃᒐᖃᑦᑕᖁᙱᓕᖅᑕᒋᑦ, ᐃᓄᑑᓗᑎᑦ ᓂᓚᒃᑕᖃᑦᑕᓕᕐᓗᑎᓪᓗ!”

naungungmat. Ninngakpallialiqłuni uiga uqapiluktua-
luulluni uqaqpuq, “igvit ilaak igajumakkaaluugavit,
taannatuattiaq pijumajatuattiat, quviasugutituat iga-
lutit!” Iglainnaqłunga irialaaqtauplunga ajuinnarmat
aimialiqłuta.

Uviningnialirmat ikajuqługu allaqtirasukługu
akunialuk. Akuni imaaniilirmat kisiani piiqtuq.
Quviagijauluangiłłunga uqautiliqpaanga, “igaqat-
taqunngiliqtagit, inutuulutit nilaktaqattalirlutillu!”